Apocalipsis

Moisés Ríos Pérez
yahvehyire@hotmail.com

Moisés Ríos Pérez
yahvehyire@hotmail.com

Apocalipsis

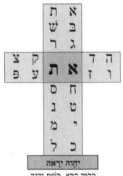

יהוה יראה
בָּרוּךְ הַבָּא, בְּשֵׁם יְהוָה
Bendito el que viene en el nombre del Señor.

Un Mensaje
de
Amor y esperanza

¡NO TENGAS MIEDO!

MOISÉS RÍOS PÉREZ

Moisés Ríos Pérez
yahvehyire@hotmail.com

Moisés Ríos Pérez
yahvehyire@hotmail.com

APOCALIPSIS
UN MENSAJE DE
AMOR Y ESPERANZA

¡NO TENGAS MIEDO!

Moisés Ríos Pérez
yahvehyire@hotmail.com

Moisés Ríos Pérez
yahvehyire@hotmail.com

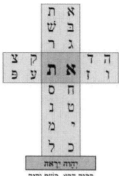

יהוה יראה
בָּרוּךְ הַבָּא, בְּשֵׁם יְהוָה
Bendito el que viene en el nombre del Señor.

Apocalipsis
Un Mensaje de
Amor y Esperanza

¡No tengas Miedo!

Moisés Ríos Pérez
yahvehyire@hotmail.com

Moisés Ríos Pérez
yahvehyire@hotmail.com

LIBROS POR EL AUTOR:

1. Capellanía Clínica en Hospicio; Un ministerio de Amor y Compasión "Manual de Referencia" (2017) (Disponible en amazón.com).

2. De Leche y Miel a Comida Sólida; "Un Mensaje Diferente" (Revisado 2018) (Disponible en amazón.com).

3. Seminarios de Vida, En los Dones y Carismas "Manual para Servidores" (2017) (Disponible en amazón.com).

4. En el Principio Creó Dios... "La Dignidad Humana" Un Mensaje Diferente II (2018) (Disponible en amazón.com).

5. Saliendo de Mi Oscuridad, Venciendo la Depresión (2019) (Disponible en amazón.com).

6. Taller; Carisma de Lenguas (Disponible en amazón.com).

7. Apocalipsis; Un Mensaje de Amor y Esperanza

Moisés Ríos Pérez
yahvehyire@hotmail.com

Moisés Ríos Pérez
HC-4 Box 44560
San Sebastián, P.R 00685

Email: yahvehyire@hotmail.com

ISBN: 9781698808246
MRP-22091973(7) © (בָּרוּךְ הַבָּא, בְּשֵׁם יְהוָה)

Moisés Ríos Pérez
yahvehyire@hotmail.com

ÍNDICE

❖ DEDICATORIA.

❖ AGRADECIMIENTOS.

❖ UNA MENCIÓN ESPECIAL.

❖ APOCALIPSIS, PRÓLOGO

❖ APOCALIPSIS, REVELACIÓN DE JUAN.

❖ ENTRANDO EN EL APOCALIPSIS.

❖ MENSAJE A LAS SIETE IGLESIAS

❖ ESCENARIO POLÍTICO RELIGIOSO.

❖ LITURGIA CELESTIAL.

❖ ¿POR QUÉ LOS PERSEGUÍAN?

❖ EL FIN, ¿DEL MUNDO?

❖ SIGNOS Y SÍMBOLOS.

❖ EL ANTICRISTO, LA BESTIA 666.

❖ SERÁN 144,000.00 ¿LOS SALVADOS?

❖ REFERENCIAS.

Moisés Ríos Pérez
yahvehyire@hotmail.com

Moisés Ríos Pérez
yahvehyire@hotmail.com

DEDICATORIA

En diciembre del 1988 llegué a la comunidad de la renovación carismática católica de San Gabriel de la Dolorosa del barrio Calabazas, San Sebastián, PR. Apenas tenía 15 años cuando llegué para colaborar con el ministerio de música en la guitarra. Inmediatamente el hermano Amador Acevedo Rodríguez, quien al momento era el coordinador de esa comunidad, me recibió con una sonrisa en sus labios y se convirtió en uno de mis primeros maestros y mentor.

Cuando llegué a esa comunidad, enviado de parte de mi comunidad de Cristo Rey, pensé que sólo era para tocar guitarra, pero el hermano Amador me dijo: "No, tú eres parte del equipo de servidores: Bienvenido." Recuerdo que los círculos de oración eran de casa en casa y de marquesina en marquesina. No importaron las lluvias ni las dificultades que siempre llegan por estar corriendo de una casa a otra, todos los miércoles había círculo de oración.

Cada cierto tiempo el hermano Amador me preguntaba: Moisés, ¿Cuándo nos vamos para la capilla? A lo que yo le contestaba: "Todavía hermano, todavía no hemos recorrido todo Calabazas." Pero dando comienzo el año 1990 entramos a la

Moisés Ríos Pérez
yahvehyire@hotmail.com

capilla de San Gabriel de la Dolorosa todos los miércoles de 7:30pm en adelante.

Esta comunidad se convirtió para mí en mi segunda familia, nos reímos y lloramos juntos y también de vez en cuando nos dábamos tremendas "agarrás" así como lo hacen todas las familias, pero nunca nos dejamos de amar, ¡nunca!

Amada comunidad de Calabazas, San Gabriel de la Dolorosa, ¡los amo! Quisiera mencionarlos uno a uno por su nombre, pero tengo miedo de cometer el pecado de olvidar a alguno. Algunos han continuado perseverando, otros ya no están y también hay quienes ya se nos adelantaron a la patria celestial.

No tan solo quiero dedicarle este libro a mi segunda comunidad "Calabazas" que, aún hoy en día siguen siendo para mí, mi segunda familia; también se lo quiero dedicar al hermano **Amador Acevedo Rodríguez**. Como mencioné anteriormente, él fue para mí, uno de mis primeros maestros, guías y mentor. Fueron muchas, pero ¡muchas las horas! que pasamos juntos, orando, leyendo la biblia, dialogando y compartiendo.

Recuerdo, que muchas veces, finalizado el círculo de oración recogíamos el equipo de sonido y cerrábamos la capilla, quizás finalizábamos como a las 9:30pm. Y a esa hora, me llega a la mente, salir con el hermano Amador y toda su familia hacia el pueblo de Moca, PR. En donde había una guagua de Burger King, que para aquella época era el Burger King más cercano, quizás a unos 40min. desde el barrio Calabazas de San Sebastián. "Moisés, me decía el hermano Amador, hacer comunidad también es compartir y comer juntos".

Todos los consejos que él me dio en cómo ser un buen servidor y coordinador los he utilizado en mi trayectoria como coordinador de comunidad, de pueblo, diocesano y finalmente como coordinador nacional de la RCC de PR. También agradezco sus consejos de cómo ser un buen padre: los puse en acción y hoy en día mis dos hijos son hombres de bien.

Por eso y mucho más, muchas gracias, amado hermano Amador Acevedo Rodríguez. Dios te continúe bendiciendo fuiste, eres y seguirás siendo un gran hombre de Dios. Dios te bendiga.

Tu hermano en Cristo,

Moisés Ríos Pérez, San Sebastián 2020.

Moisés Ríos Pérez
yahvehyire@hotmail.com

Moisés Ríos Pérez
yahvehyire@hotmail.com

AGRADECIMIENTOS

Quiero agradecer a mi hermano en Cristo, Rafael Ángelo Toro Berch, por haberme insistido a escribir un libro. Aunque siempre hubo el deseo en mi corazón de escribir, nunca me tomé el atrevimiento. Fue el hermano Rafael Ángelo quien me insistió, casi a nivel de hostigamiento, en que escribiera. Él es autor de: "El Poder está en Ti", "Los Cristianos de Vacaciones mientras El Demonio Continúa Trabajando" y "¡Úsame, Señor!" Tres libros poderosos. Muchas gracias, hermano Rafael Ángelo Toro.

Igualmente le agradezco al hermano Adrián Castro González, quien es un amante de este tema sobre el Apocalipsis y quien se dedica a dar talleres de apologética. Agradezco profundamente su respaldo hacia mi persona y mis libros. Él fue el quien me insistió a escribir un libro sobre este tema, ya que él fue uno de los que asistió a mis talleres de Apocalipsis. ¡Muchas gracias!

Este libro es el resultado de un taller que desarrollé sobre el Apocalipsis. El taller tenía como finalidad el educar a los católicos a entender los signos y símbolos y a la vez proveerles con unas herramientas apologéticas. Con ese mismo fin comencé a utilizar los apuntes y bosquejos de este taller y

Moisés Ríos Pérez
yahvehyire@hotmail.com

comencé a organizarlos para desarrollar este libro. Nunca tuve la intención de hablar sobre la escatología. No porque no fuera importante, todo lo contario, el Apocalipsis es ALTAMENTE escatológico.

Solo que me quise concentrar en la parte apologética. Sin embargo, cuando finalicé de organizar mis apuntes y bosquejos en formato de libro, antes de comenzar a desarrollar el libro le pedí su opinión al hermano **Christopher González Rodríguez** quien, al momento, 2019 - 2020, es seminarista de la Diócesis de Mayagüez, PR. Mientras realizó su año pastoral en mi parroquia de San Sebastián Mártir me ayudó con la revisión de este libro.

Una de sus recomendaciones fue el abundar sobre el aspecto escatológico del libro. Si bien es cierto que el autor le estaba hablando a los primeros cristianos, también es cierto que, para nosotros, hoy en día, hay un mensaje actual. Por lo que, atendiendo las recomendaciones de mi hermano Christopher he considerado y trabajado con el aspecto escatológico de este libro, les confieso que, en principio me resistí, ya que, como les compartí anteriormente, mi objetivo era el hablar sobre los símbolos del Apocalipsis, intentando educar al lector.

Moisés Ríos Pérez
yahvehyire@hotmail.com

No obstante, para qué pedir recomendaciones si uno no las va a tomar en cuenta. Habiendo revisado el libro caí en la cuenta de que el hermano Christopher tenía, ¡toda la razón! Es por lo que, siguiendo sus recomendaciones aparte de trabajar la parte apologética, en cuanto a los signos y símbolos, también he intentado trabajar con la parte escatológico. Haciendo la salvedad que no soy teólogo.

No tengo palabras para agradecerle al hermano Christopher por el tiempo que le dedicó a revisar mis apuntes y bosquejos y sobre todo por TODAS ¡todas! las correcciones ortográficas y todas sus recomendaciones. Concuerdo con lo que mi párroco, al momento de escribir este libro, ha dicho en varias ocasiones sobre el hermano Christopher; "Ya él está listo para su ordenación, P. Ángel L. Ríos Matos".

Amado hermano, Christopher, no tengo palabras para agradecerte, solo me puedo comprometer a mantenerte en mis oraciones pidiéndole al Señor te continúe guiando en tu proceso vocacional, para que puedas llegar a ser algún día, un sacerdote santo y por qué no, también algún día un Obispo santo, ¿PAPA? Bueno, por el momento oramos por tu vocación, ya Dios dirá.

Nuevamente, ¡Muchas gracias!

Moisés Ríos Pérez
yahvehyire@hotmail.com

Moisés Ríos Pérez
yahvehyire@hotmail.com

UNA MENCIÓN ESPECIAL

Quiero hacer una mención especial al Sr. Omar E. Ruiz Acevedo. El Sr. Ruiz es un coleccionista de libros, escritos por autores Pepinianos. Él trabajó por muchos años en el correo de mi pueblo de San Sebastián, PR. Por este medio le quiero felicitar por la labor que realiza, el querer conservar la historia de nuestro pueblo de San Sebastián (del Pepino), P.R.

A esta fecha, 2020, él tiene una colección única y hermosa de alrededor de 600 libros escritos por alrededor de 120 autores Pepinianos y yo, Moisés Ríos Pérez, tengo el honor de tener mis libros entre su colección.

Muchas gracias, Omar y, ¡Enhorabuena!

Moisés Ríos Pérez
yahvehyire@hotmail.com

Moisés Ríos Pérez
yahvehyire@hotmail.com

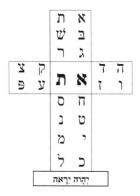

Apocalipsis

(PRÓLOGO)

RESISTENCIA EN ESCRIBIR SOBRE APOCALIPSIS

He tenido la bendición de compartir talleres sobre el libro del Apocalipsis y al finalizar siempre me formulan la misma pregunta: ¿Cuándo vas a escribir un libro sobre el Apocalipsis? Les confieso que me resistía a escribir sobre este libro de la Biblia. ¿Por qué?

Ya existen varios libros, y muy buenos, por lo que no veía la necesidad de escribir más sobre el tema. No obstante, han sido tantas las personas que se me han acercado pidiéndome que escribiera algo sobre este libro que me

Moisés Ríos Pérez
yahvehyire@hotmail.com

tomo el atrevimiento de compartir este humilde escrito que espero que les sea de bendición.

Al igual que con mis pasado dos libros: *"De Leche y Miel a Comida Sólida, Un Mensaje Diferente I"* y *"En el Principio Creó Dios... La Dignidad Humana, Un Mensaje Diferente II"*, este libro "Apocalipsis, Un Mensaje de Amor y Esperanza" lo intento escribir en un idioma sencillo, fácil de leer y entender. Aunque tenga contenido académico, intento no utilizar términos muy técnicos.

Antes de comenzar quisiera aclarar que hay muchos temas que, por el propósito de este libro, no los toco o profundizo. De haberlos tocado y/o profundizado hubiese necesitado escribir una serie de libros, por tomos.

A continuación, algunos temas los cuales no profundizo y en otros casos no pude ni tocar:

1. Los Cuatro jinetes del Apocalipsis.
2. Los siete sellos.
3. Las siete copas.
4. Los siete signos.
5. La mujer y el dragón.

Moisés Ríos Pérez
yahvehyire@hotmail.com

6. Las siete trompetas.

7. La Ramera Sentenciada.

He redactado este libro con un triple propósito:

1. Ayudar a quitar el miedo de leerlo.

2. Aclarar las falsas interpretaciones que le dan a los signos y símbolos, utilizándolos en contra de la Iglesia católica.

3. Preparar y educar al lector para que pueda ver, no tan solo el mensaje de que, Dios nos protege, sino también que Cristo viene.

Debemos tener claro que el Apocalipsis es un libro con un mensaje de **amor** y **esperanza**, no es un escrito al cual le debamos tener miedo, así como tampoco es un libro dirigido en contra de la Iglesia Católica.

Fundamentalmente creo que es vital recordar que **ningún** libro bíblico puede ni debe ser interpretado **subjetivamente**. Previo a cualquier interpretación bíblica es necesario una educación **fundamental** que incluya: autor, año de redacción, idioma de redacción, intención del autor y realidad histórica al momento de ser redactado.

Moisés Ríos Pérez
yahvehyire@hotmail.com

Como pueden ver, ni el Apocalipsis ni ningún otro libro de la Biblia debe ser interpretado de forma personal: a no ser que sea una interpretación "espiritual".

He escuchado a muchos hermanos separados decir: "Dios me [reveló] una interpretación [poderosa] del Apocalipsis". A lo que yo le respondo, y si Dios me [revela] a mí todo lo contrario, ¿cuál de los dos tendríamos la razón? Por lo tanto, nuevamente insisto, el Apocalipsis no puede ni debe ser interpretado de forma personal sin la debida educación teológica.

¿POR QUÉ NO HAS LEÍDO EL LIBRO DEL APOCALIPSIS?

Le quiero formular la siguiente pregunta: ¿Ha tenido usted la oportunidad de leer el libro de Apocalipsis completo? ¿Lo has entendido? ¿Cuántos libros, "católicos" que hablen y eduquen sobre el Apocalipsis has tenido la oportunidad de leer?

Para poder entender el estilo que utilizó el autor, al escribir su libro, les quiero compartir una anécdota:

"Se cuenta que una vez un teólogo, al abrir la Biblia, se encontró con la siguiente lectura: «Y Pedro se acercó al fuego». Al leer esto, el teólogo comenzó a pensar en el por qué Pedro se había acercado al fuego. Así que, tomó lápiz y papel y comenzó a hacer una lista:

Primero: Pedro se acercó al fuego porque este significa el Espíritu Santo.

Segundo: Se acercó al fuego porque este calienta y esto significa que Pedro, al ser el primer Papa, quiso dar el ejemplo de siempre estar cerca de la presencia del Espíritu Santo, que es quien nos calienta con el fuego de su amor.

Tercer: El fuego produce luz y Jesús es la luz del mundo.

Cuarto: Pudo haber sido una señal de unidad ya que las personas al sentir frío siempre buscan el calor.

Y así estuvo el teólogo un largo tiempo e hizo una lista de más de veinte significados. Mientras él hacía esta lista, regresó a la lectura, en la Biblia, con el fin de repasarla y cayó en la cuenta, que no había

Moisés Ríos Pérez
yahvehyire@hotmail.com

terminado de leer por completo la lectura; ya que terminaba al dorso, así que comenzó a leer y la lectura decía: «Y Pedro se acercó al fuego, porque tenía frío».

Partiendo de esta anécdota, me gustaría aplicar su moraleja al libro de Apocalipsis. Hay personas quienes, sin nunca haber leído el Apocalipsis ni mucho menos haberlo estudiado, se toman el atrevimiento de citarlo e incluso asegurar que el mundo se va a acabar porque "lo dice el Apocalipsis". También hay quienes ya están prejuiciados en contra de la iglesia católica y no pueden abrir sus mentes a otro interpretación, aun cuando se les presente todas las pruebas posibles.

Todos los días aparece una secta distinta, un "loco nuevo" o un pastor distinto con una "supuesta" profecía nueva y, para colmo se apoya utilizando el libro del Apocalipsis, sobre el "fin del mundo". ¿Cuántas veces hemos escuchado y/o visto noticias que, el mundo se acabará? Cada uno adjudicando distintas fechas. ¿Cuántas veces hemos oído las frases? "Se va a acabar el mundo, porque lo "dice" en el Apocalipsis".

Moisés Ríos Pérez
yahvehyire@hotmail.com

"Esas son, o se están cumpliendo las profecías del Apocalipsis". Seguramente las escuchamos con frecuencia.

Como dato curioso les comparto, sabían ustedes que nuestros hermanos separados han logrado convertir a su fe cantidades de personas utilizando, más el método del miedo que por amor y, el libro que utilizan para infundir ese miedo, ¿Cuál creen ustedes que es? Exacto, el Apocalipsis. Incluso; los libros más vendidos en el mundo protestante tienen que ver con libros sobre el fin del mundo, o sobre interpretaciones ¡ERRÓNEAS! sobre el libro de Apocalipsis.

Apocalipsis también es el libro de la Biblia más utilizado por nuestros hermanos protestantes para atacar a la iglesia católica; La ramera, la bestia, el anticristo, los siete sellos, los cuatro jinetes del Apocalipsis y la gran Babilonia; todas estas imágenes son utilizadas en contra de la iglesia católica y el Papa. Y lo triste del caso es que cientos de católicos se van de la iglesia porque lo creen.

No buscan estudios ni libros serios de formación y se dejan engañar. Ante esto quiero comenzar diciendo que, todo esas acusaciones son mentiras, falsedades y calumnias en contra de la iglesia que fundó Jesús "La Iglesia católica" y en este libro me propongo demostrarlo. ¿Estás preparado? Con esta preocupación en mi mente y corazón me tomo el atrevimiento de escribir sobre este libro, tan mal interpretado.

Nosotros, los católicos, ni nadie sin importar de la religión que sean, debemos caer en la trampa de estar utilizando el Apocalipsis como un libro profético de grandes catástrofes sobre el fin del mundo. ¡no lo es! Tampoco podemos estar utilizándolo como un libro para infundir miedo, ¡No lo es! Y si usted NO es católico, pero se encuentra leyendo este libro le invito a estudiarlo cuidadosamente y sin prejuicios.

Por lo tanto, es de suma importancia entender que el libro de Apocalipsis NO BUSCA infundir miedo, sino más bien TODO LO CONTRARIO, pretende hablarnos y mostrarnos el gran amor de Dios, que venció el mal, por medio del sacrificio del cordero degollada (Jesús crucificado), que se encuentra de pie ante el trono (Jesús resucitado). (Apocalipsis 5, 12 / 7, 17).

Moisés Ríos Pérez
yahvehyire@hotmail.com

"Dios quiere que todos los hombres se salven, y lleguen al conocimiento de la verdad".

(I Timoteo 1, 2-4).

Nos comparte Jesús San Clemente en su libro, Iniciación a la Biblia para seglares, que el libro del Apocalipsis;

"es una visión teológica del sentido de la iglesia desde el principio hasta el fin de los tiempo."

Moisés Ríos Pérez
yahvehyire@hotmail.com

Moisés Ríos Pérez
yahvehyire@hotmail.com

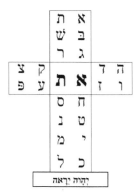

Apocalipsis

(Revelación de Juan)

OBJETIVO

Uno de los objetivos de este libro es, que podamos ver que el libro del Apocalipsis, como les compartí anteriormente, no es un libro al que debemos mirar o leer con miedo, es el mismo Jesús que nos dirá:

"¡ánimo!: yo he vencido al mundo."

(Juan 16, 33).

Por eso te invito a mirarlo y leerlo (al Apocalipsis) con AMOR Y ESPERANZA. Espero que este libro sea una herramienta que le ayude a quitarle el miedo a leerlo y los prejuicios al intentar interpretarlo. El estudio del Apocalipsis, a la luz de la Teología Católica, es uno muy profunda. Por lo que intentaré utilizar un lenguaje sencillo, aun cuando toque temas teológicos de profundidad. Por lo que este libro será, una presentación y/o introducción, a uno de los libros más bellos y hermosos que tiene la Biblia: el Apocalipsis.

"El Apocalipsis nos pone ante una palabra dirigida a las comunidades cristianas para que sepan interpretar y vivir su inserción en la historia, con sus interrogantes y sus penas, a la luz de la victoria definitiva del Cordero inmolado y resucitado".

Papa San Juan Pablo II:

"Ecclesia in Europa", 5 (El Apocalipsis como icono).

El Papa Juan Pablo II, en su catequesis del miércoles 11 de noviembre de 1998 nos compartió:

"La voz del Espíritu y de la Esposa, que invocan: «¡Ven, Señor Jesús!» (Ap. 22, 17. 20), es la magnífica conclusión del Apocalipsis y, podríamos decir, el sello cristiano de la historia. La esperanza como espera y preparación".

(Papa San Juan Pablo II)

Moisés Ríos Pérez
yahvehyire@hotmail.com

De igual manera el Papa Emérito Benedicto XVI nos compartió: "Deus caritas est", 39.

"El mundo está en manos de Dios y, no obstante, las oscuridades, al final vencerá Él, como luminosamente muestra el Apocalipsis mediante sus imágenes sobrecogedoras".

(Papa Emérito Benedicto XVI).

SABÍA USTED QUE:

1. El Apocalipsis es el único libro, del Nuevo Testamento, que promete bendición al que lo lea y lo obedezca. Algo así como la Torah del Antiguo Testamento. Nuevamente pregunto: ¿Cuántos estamos leyendo el Apocalipsis? (Apocalipsis 1,3)

2. El Apocalipsis es el único libro del Nuevo Testamento con más aleluyas, alabanzas y adoración al Señor Jesús. Podemos ver el coro de ángeles y los 24 ancianos cantando Santo, Santo, Santo es el Señor. En otras palabras, podemos educar al pueblo de Dios en cómo alabar a Dios utilizando el Apocalipsis.

Moisés Ríos Pérez
yahvehyire@hotmail.com

3. Encontramos el gran poder de Dios, que brota de su inmenso amor hacia nosotros, sus hijos. Así como nos dice en: Apocalipsis 21,7, *"Esta será la herencia del vencedor: yo seré Dios para él, y él será hijo para mí."* Este inmenso amor de Dios lo podemos ver en que Él nos ama tanto, que no nos deja ni nos abandona. Pero sobre todo podemos ver ese gran amor de Dios en cómo Él nos dio a su hijo amado (Juan 3, 16). El Apocalipsis es esa carta, de parte del Dios de amor.

4. El Apocalipsis también es el único libro del Nuevo Testamento, que, con un lenguaje humano, nos intenta describir el Reino de los Cielos. Es cierto que, en el Evangelio, Jesús nos habla del reino y que a veces utiliza, ciertas comparaciones para describirlo, pero es el Apocalipsis el que nos lo describe con más detalles. En su descripción podemos ver cómo el autor utiliza las imágenes de Ezequiel: Como, por ejemplo, los cuatro seres.

5. También vemos cómo Dios por medio de su gran poder, Yahveh Sebaot "El Señor de los ejércitos", derrota al enemigo de las almas. Encontramos en la

biblia: *"No por el valor ni por la fuerza, sino sólo por mi Espíritu - dice Yahveh Sebaot -."* (Zacarías 4, 6). Esta victoria la podemos ver claramente en apocalipsis 19. Este capítulo, es un cántico de victoria, ¡Jesús Venció! *"Y oí el ruido de muchedumbre inmensa y como el ruido de grandes aguas y como el fragor de fuertes truenos. Y decían: «¡Aleluya! Porque ha establecido su reinado el Señor, nuestro Dios Todopoderoso. Alegrémonos y regocijémonos y démosle gloria, porque han llegado las bodas del Cordero, y su Esposa se ha engalanado y se le ha concedido vestirse de lino deslumbrante de blancura - el lino son las buenas acciones de los santos»."* (Apocalipsis 19, 6-8). ¿Cómo venció Dios? *"Porque ha establecido su reinado el Señor, nuestro Dios Todopoderoso."*

Hay un sin número de puntos, no obstante, he querido compartirles estos 5.

Lamentablemente los productores de películas, escritores fantasiosos de libros "apocalípticos" y algunos pastores protestantes, en vez de resaltar el gran amor de Dios y en cómo nos protege, que es lo que en realidad nos presenta este libro, han querido resaltar más los signos y símbolos alusivos al enemigo de las almas "demonio", mostrando una visión e interpretación inexperta y fantasiosa en la interpretación de las Escrituras.

Quiero intentar ser serio en mi señalamiento hacia mis hermanos separado y algunos pastores protestantes. Conozco pastores, hombres y mujeres de Dios, con el deseo genuino de servirle al Señor, que le aman y viven una hermosa vida de testimonio.

Tengo grandes amistades y hasta familiares muy cercanos que son pastores y los amo y respeto mucho. Por lo tanto, aclaro que no estoy criticando a la persona, no estoy criticando al pastor. Estoy criticando y señalando la falta de academia al momento de interpretar el libro de Apocalipsis. Estoy criticando el abuso de libertad al estar dando interpretaciones personales como si fuera palabra de Dios. Firmemente critico a aquellos que predican destrucción de mundo y sobre todos, critico enérgicamente, a todos esos pastores irresponsables que utilizando el libro del Apocalipsis intentan llenar sus iglesias infundiendo miedo.

Moisés Ríos Pérez
yahvehyire@hotmail.com

Es esa falta de academia la que lleva a la confusión. Una interpretación literal del Apocalipsis no tiene seriedad académica; tampoco la tiene una interpretación **personal**. Si usted está interpretando el Apocalipsis de acuerdo con lo que "usted piensa", seguramente está errado y peor aún, está escandalizando.

"Y al que **escandalice** a uno de estos pequeños que creen, mejor le es que le pongan al cuello una de esas piedras de molino que mueven los asnos y que le echen al mar".

(Marcos 9, 42).

Conozco pastores que me han dicho: El Señor me "reveló" una interpretación "poderosa" del Apocalipsis. A lo que yo les comparto la siguiente lectura bíblica:

"Pero, ante todo, tened presente que **ninguna profecía** de la Escritura puede interpretarse por **cuenta propia**;"

(2 Pedro 1, 20).

Ante este panorama, esto no significa que interpretar el Apocalipsis sea algo fácil. Como hemos visto, nuestros hermanos separados han intentado descifrar el Apocalipsis, y cada vez que lo intentan salen con una nueva fecha de cuándo se acabará el mundo y de quién es la ramera, la bestia y el anticristo.

Cada vez que los medios de comunicaciones intentan interpretar el Apocalipsis lo único que hacen es crear noticias sensacionalistas y películas de bestias con cuernos y diablos con ojos rojos botando baba por la boca.

Antes de leer este hermoso libro "Apocalipsis", creo importante concientizar el marco histórico de cuándo se escribió. Debemos entender que este libro fue escrito en tiempo de PERSECUCIÓN a los primeros cristianos.

"Por eso, en cierto sentido puedes decir que el autor, adrede, escribió una especie de "crucigrama": cada imagen simboliza otra cosa de lo que parece, cada detalle tiene otro sentido de lo que aparenta".

P. Félix Struik. O.P.

Apocalipsis, comentarios para la calle (Pág. 5).

Por eso, cuando leemos el Apocalipsis y encontramos dragones, monstruos de mar, con varias cabezas o cualquier otro símbolo, ¡no! se puede, ni se debe ver, ni mucho menos interpretar literalmente. Cuando leamos este hermoso libro lo haremos entendiendo que fue escrito como un mensaje oculto en clave, para una comunidad que se encontraba en persecución. El contenido no era asustar sino más bien, todo lo contrario, inspirar y dar esperanza.

El autor, al escribir busca alentar a un pueblo perseguido a que no se rinda. A su vez profetisa el cómo serán vencidos todos aquellos que se levantan contra de sus hijos. Así como también les habla de la corona de la vida para aquellos que no se rindan.

Entendamos la importancia del siguiente punto; todo esto es redactado de acuerdo con la realidad religiosa que ellos vivían al momento. Una realidad litúrgica. Los primeros cristianos eran litúrgicos, en otras palabras, vivían en torno a la mesa de la Eucaristía y ellos sabían que al llegar al cielo el mismo Jesús será el que presidirá esta liturgia celestial, pero ahora como Sumo Sacerdote.

Moisés Ríos Pérez
yahvehyire@hotmail.com

Moisés Ríos Pérez
yahvehyire@hotmail.com

```
            א  ת
            ב  שׁ
            ג  ר
  ק  צ   א  ת   ד  ה
  ע  פ   ת      ז  ו
            ה  ס
            ט  נ
            י  מ
            כ  ל
      ┌──────────┐
      │ יִהְיֶה יִרְאֶה │
      └──────────┘
```

ENTRANDO EN EL APOCALIPSIS

APOCALIPSIS ¿ÚLTIMO LIBRO DE LA BIBLIA?

Muchos pueden llegar a pensar, que al Apocalipsis estar colocado en la Biblia último, que este haya sido el último en ser redactado. No obstante, esto no es correcto.

El último libro en haber sido escrito, de acuerdo con los últimos datos, lo fue la II carta de Pedro. Esta fue redactada alrededor del año 150. Los biblistas han llegado a esta conclusión por el contenido de la carta.

Raymond Brown, en su Nuevo Comentario Bíblico San Jerónimo nos comparte algunas de las razones:

Moisés Ríos Pérez
yahvehyire@hotmail.com

a. Alude a una recopilación de las cartas de san Pablo (3, 15-16) que no existió hasta finales de siglo, como muy pronto.

b. Hace referencia a «vuestros apóstoles» (3,2), lo cual hace pensar que no pertenece a ese grupo anterior.

c. La carta se apoya en un amplio abanico de tradiciones acerca de Pedro que proceden de corrientes muy distintas de tradición, lo cual supone una ulterior valoración sintética de esos materiales.

Como vemos: Cronológicamente, el libro del Apocalipsis no fue el último libro en ser escrito. Aunque sí es el último libro en orden de ubicación.

NOMBRE DEL LIBRO

Apocalipsis, es un término griego que significa manifestación, revelación (del griego: Ἀποκάλυψις Ἰωάννου [Apokálypsis Ioánnou], 'Revelación de Juan'). Por eso podemos ver cómo hay Biblias que tienen el nombre de Revelaciones en vez de Apocalipsis.

Él término Apocalipsis también es considerado como un género literario en la Biblia. El Concilio Vaticano II, nos habla sobre la divina revelación: Dei Verbum, 12:

"*Para descubrir la intención de los hagiógrafos, entre otras cosas hay que atender a "los géneros literarios".*

Puesto que la verdad se propone y se expresa de maneras diversas en los textos de diverso género: histórico, profético, poético o en otros géneros literarios.

Conviene, además, que el intérprete investigue el sentido que intentó expresar y expresó el hagiógrafo en cada circunstancia según la condición de su tiempo y de su cultura, según los géneros literarios usados en su época.

Pues para entender rectamente lo que el autor sagrado quiso afirmar en sus escritos, hay que atender cuidadosamente tanto a las formas nativas usadas de pensar, de hablar o de narrar vigentes en los tiempos del hagiógrafo, como a las que en aquella época solían usarse en el trato mutuo de los hombres."

Los libros de los profetas Daniel y Ezequiel contienen capítulos apocalípticos. Se considera un género apocalíptico aquel libro que utiliza símbolos e imágenes dentro de un lenguaje de futuro. El género apocalíptico busca describir cosas por suceder, pero por medio de signos y símbolos. A continuación, nos comparte el hermano Christopher González Rodríguez:

Género Apocalíptico:

- La finalidad más destacada del género apocalíptico está en lograr el fortalecimiento de la fe en los momentos de dificultad.

- Los apocalipsis son libros esperanzadores, documentos que buscan consolar a los cristianos en medio de las inclemencias de una sociedad en oposición a la fe cristiana.

Como podemos observar, el género apocalíptico se desarrolla dentro de un escenario "de éxtasis" a través de un hombre de Dios, profeta. Por ejemplo; De momento este profeta, estando en oración profunda, experimenta un estado sobre natural, cae en éxtasis y es estando en ese éxtasis que él experimenta el cómo Dios y/o un ángel del Señor lo trasladan a una dimensión cósmica y/o en las nubes. Es importante entender que el Espíritu Santo siempre está presente en todo este proceso.

Moisés Ríos Pérez
yahvehyire@hotmail.com

Estando en ese éxtasis, recibe un mensaje en clave, por medio de signos y símbolos.

"Caí en éxtasis el día del Señor, y oí detrás de mí una gran voz, como de trompeta, que decía..."

(Apocalipsis 1, 10).

El mensaje que recibe el profeta siempre será una respuesta de parte de Dios a las circunstancias históricas que, tanto él como el **pueblo** se encuentran viviendo.

*"Yo, Juan, vuestro hermano y **compañero de la** tribulación, del reino y de la paciencia, en Jesús."*

(Apocalipsis 1, 10).

Todo esto representa una batalla entre el bien y el mal; en donde Dios le muestra el cómo, Él siempre vencerá y el cómo, todos aquellos que le son fieles también vencerán.

De acuerdo con esta experiencia "éxtasis" el profeta escribirá el mensaje, desde sus recursos humanos. Es importante entender, que no es que Dios le dicta y el profeta escribe "exactamente" lo que Dios lo está diciendo. El profeta no es el secretario de Dios, el escribirá desde su educación y su realidad histórica. Dios no controla la mente del profeta.

Este género da comienzo estando los israelitas cautivos en Babilonia. Allí cautivos, tristes y sin sentido de **esperanza** se levantas profetas, tales como; Jeremías y Ezequiel, Daniel y Abadías. Estos comienzan a hablar de parte de Dios, buscando animar al pueblo a no desvanecer en su fe. ¡Dios vencerá! ¡Él no nos ha abandonado!

Por ende, el mensaje apocalíptico no trata del "fin del mundo" como un evento científico en donde nuestro planeta tierra, sistema solar o Vía Láctea serán destruido por las fuerzas oscuras del mal "demonio". Sí, se trata de un fin; pero ¿qué fin? más adelante en otro capítulo intentaré explorarlo con ustedes.

AUTOR Y FECHA DE REDACCIÓN

Autor:

¿Quién fue el autor del libro? Parece ser fácil la respuesta: ¡Fue Juan! Pero ¿Cuál Juan? ¿El mismo que redactó el evangelio según San Juan?

La mayoría de los padres apostólicos, con la información que, al momento tenían, le adjudicaban la autoría del libro a Juan, el hijo de Zebedeo, apóstol del Señor, el discípulo amado.

Por ejemplo: San Justino Mártir (c.165), San Ireneo (c.180), San Clemente de Alejandría (c.215) y Tertuliano (c.220) en mayoría nombraron a Juan, el discípulo amado, autor del evangelio según san Juan y el del Apocalipsis. Aunque hay varias razones por las cuales este libro fue considerado como parte del canon del Nuevo Testamento, lo cierto es que, en su mayoría, creían que Juan el evangelista era el autor. Sin embargo, más adelante San Eusebio (c.325), en un acto de valentía, atribuyó el evangelio según san Juan a otro Juan; el presbítero basado en un escrito del autor del segundo siglo, Papías.

Hoy en día los teólogos debaten la hipótesis que, el autor del libro de Apocalipsis, al igual que el autor del evangelio según San Juan, seguramente no fue escrito por Juan el evangelista. Se cree que, probablemente pudo haber sido uno de sus discípulos y/o algún miembro que perteneció a alguna comunidad "Joánica", fundada por Juan, el discípulo amado.

Algunos discuten que en aquella época era normal escribir un libro con el nombre de otra persona, quien posiblemente escribía el libro en honor a su maestro o escribía aquellas cosas que aprendió del. O quizás utilizó el nombre para lograr la aceptación de algún punto en particular. También se utilizaba con la intención de que el libro tuviera más credibilidad o porque era el personaje principal del libro.

Otra teoría es que Juan, el discípulo amado, pudo haber comenzado a escribir el libro del Apocalipsis "por lo menos la primera parte" en la época para cuando reinaba Nerón y luego algún discípulo de este lo había continuada para la época cuando reinaba Domiciano esto lo comparten Félix Struik (†2017) y P. Andrés Marengo. Esta teoría también se encuentra respaldado por lo biblistas de la biblia de Jerusalén. Hoy en día hay estudios, como ya señalamos, que indican que el libro de Apocalipsis es muy probable, que primero, no haya sido escrito por Juan el discípulo amado y segundo, que tanto el evangelio según san Juan como el Apocalipsis tuvieron, no un autor sino varios.

Moisés Ríos Pérez
yahvehyire@hotmail.com

Así que, como podemos ver, saber quién fue el autor del Apocalipsis no es tan fácil. Les he compartido esta información primero, para que puedan tener estos datos. Segundo, para que puedan entender, que para interpretar este libro se necesita un mínimo de conocimiento en historia y teología en sagrada escrituras.

FECHA DE REDACCIÓN:

¿En qué fecha se escribió? Lo que hoy en día leemos como un solo libro "Apocalipsis", en realidad está compuesto por dos partes y en mi humilde opinión; quizás hasta en tres partes, pero sobre este último punto no abundaré.

La primera redacción tuvo lugar más o menos para el año 54 -68ce. Esta fecha coincide con el reinado de Nerón como emperador y es la parte que se argumenta que, posiblemente sí pudo haber sido escrito por Juan el evangelista. La segunda redacción tuvo lugar más o menos para los años 81-96ce. Estas fechas las corroboran tanto el P. Félix Struik (†2017) en su libro, Apocalipsis para la Calle, como P. Andrés Marengo en su libro El Apocalipsis.

Esta fecha coincide con el reinado de Domiciano y en esta fecha, lo más seguro es que ya Juan no se encontraba vivo.

Moisés Ríos Pérez
yahvehyire@hotmail.com

Por eso, **primero**; se entiende que el autor no pudo haber sido Juan el evangelista.

Segundo; por eso a veces podemos ver, en el Apocalipsis, cómo hay símbolos muy parecidos entre unos capítulos con otros. Esto también es una pequeña complicación que encontramos al intentar entender el libro de Apocalipsis.

Porque el autor está hablando de dos personas distintas "Nerón y Domiciano" pero, a quienes ellos consideraban igual de malos. Les propongo un ejemplo: Imaginemos que en nuestro país hubo una vez un dictador gubernamental muy cruel y malo. Ese dictador murió y años después llega otro igual o peor que el primero. Muchas veces lo que las personas hacen es compararlos a veces utilizando frases o hasta el mismo nombre para ambos: "Ese tipo es 'fue' un Hitler".

¿IDIOMA?

El libro del Apocalipsis fue escrito en griego koiné, no obstante, si usted ha tomado algún curso, taller o clase sobre el libro de Apocalipsis y no le han explicado y/o enseñado hebreo, le digo en el amor de Dios; a usted no le han enseñado correctamente o por lo menos le puedo decir que ha sido incompleto.

Para el año en que escribo este libro (2020) la alfabetización ha avanzado mucho. Por ejemplo, mis abuelos, tanto paternos como maternos no tuvieron ninguna educación académica. No sabían ni leer ni escribir. Sin embargo, nosotros sus nietos tenemos bachilleratos y maestrías. Algunos hablamos hasta dos idiomas (español e inglés).

Hacen 50 años atrás, para conseguir empleo no te pedían estudios. Hoy en día existen agencias que, para poder ser empleado de mantenimiento te piden un bachillerato, ¡Imagínese! Si esta ha sido la realidad de los últimos 50 años, se podrá imaginar usted hace 2,000 años atrás. Esto no nos debe extrañar pues la misma biblia así lo registra:

Viendo la valentía de Pedro y Juan, y sabiendo que eran hombres sin instrucción ni cultura, estaban maravillados. Reconocían, por una parte...

(Hechos 4, 13).

Posiblemente por eso el mismo san Pablo exhorta a que sus cartas sean leídas:

Moisés Ríos Pérez
yahvehyire@hotmail.com

"Os conjuro por el Señor que esta carta sea leída a todos los hermanos.

(I Tesalonicenses 5, 27).

Esta instrucción de san Pablo nos arroja luz, él sí era educado, recordemos que fue discípulo directo de Gamaliel. Así que, él quería que sus letras fueran leídas porque no todos podían leer. Es por eso por lo que él mismo dirá que la fe viene por el oír, oír la palabra de Dios (Romanos 10, 17).

También Justino Mártir exhorta:

El día llamado del sol (domingo) se reúnen todos en un lugar, lo mismo los que habitan en la ciudad que los que viven en el campo, y, según conviene, se leen los tratados de los apóstoles o los escritos de los profetas, según el tiempo lo permita.

Luego, cuando el lector termina, el que preside se encarga de amonestar, con palabras de exhortación, a la imitación de cosas tan admirables.

(Justino Mártir Apología 67).

Moisés Ríos Pérez
yahvehyire@hotmail.com

Como podemos ver, San Justino Mártir da a entender que, no necesariamente el que preside sabe leer *"Luego, cuando el lector termina, el que preside se encarga de amonestar"*.

Han surgido varios estudios sobre la alfabetización en la antigüedad, posiblemente la más citada es la del profesor de Colombia William Harris en su libro "Ancient Literacy". Después de haber examinado toda la evidencia de forma exhaustiva llegó a la conclusión que, solo el 10% del mundo antiguo tenía "cierta" educación.

Algunos podían leer, pero no escribir, otros sabían leer y escribir, mientras que algunos solo sabían escribir y más que escribir era copiar. Este último, posiblemente artistas que podían imitar las letras, estos no necesariamente sabían qué era lo que copiaban.

Como hemos visto, seguramente los discípulos de Jesús, ninguno sabía leer ni escribir, mucho menos escribir griego. ¿Hablar y entenderlo? Quizás, no en un grado como seguramente lo hacía san Pablo, pero al estar ocupados por Roma y este ser su idioma, seguramente algo tenían que entender. ¿latín? Ninguno, ni siquiera Jesús.

Moisés Ríos Pérez
yahvehyire@hotmail.com

¿Hablaban y escribían en hebreo? Hablarlo, quizás un poco, ya que, realmente Arameo era el lenguaje hablado de la época y este idioma esa muy similar al hebreo. Muchos han creído que los rollos (escrituras) que se leían en las sinagogas eran en hebreo, esto es incorrecto. Las escrituras que se leían en el templo eran hebreas y estas sólo estaban reservada para ser leído por los sacerdotes.

Los rollos que el pueblo común podía leer era la Septuaginta [versión griega], es por esta razón que, tanto Jesús como sus discípulos, las escrituras que utilizaban, al igual que el mismo san Pablo, era la traducción griega [Septuaginta] y no la hebrea.

Por consiguiente, podemos llegar a la conclusión que ni el hebreo ni el griego fueron su idioma cotidiano. No era el idioma en que ellos hablaban, nuevamente les digo hablaban en arameo. Sin embargo, aunque no hablaron hebreo sí pensaban como tal. En este punto no abundo aquí, lo estaré haciendo más adelante. Por el momento les dejo con esta información muy importante para entender algunos de los símbolos.

				א	ת			
				ב	ש			
				ג	ר			
צ	ק		ת	א		ה	ד
פ	ע					ו	ז
				ח	ס			
				ט	נ			
				י	מ			
				כ	ל			

יְהֹוָה יִרְאֶה

MENSAJE A LAS SIETE IGLESIAS

"El que tenga oídos, oiga lo que el Espíritu dice a las iglesias"

En el capítulo dos de Apocalipsis nos encontramos con una serie de siete cartas dirigidas a siete iglesias. ¿Quiénes eran estas siete iglesias?

1. Éfeso, (Ap. 2, 1)

2. Esmirna (Ap. 2, 8)

3. Pérgamo (Ap. 2, 12)

4. Tiatira (Ap. 2, 18)

5. Sardes (Ap. 3, 1)

6. Filadelfia (Ap. 3, 7)

7. Laodicea (Ap. 3, 14)

Moisés Ríos Pérez
yahvehyire@hotmail.com

Sería interesante reflexionar y preguntarnos si este mensaje, va dirigido exclusivamente, A las siete iglesias. La respuesta es no. Tenemos que entender, como ya explicamos anteriormente, que el Apocalipsis es un libro lleno de símbolos y claves, como acabamos de ver en los pasados capítulos.

Por lo que, dentro de la mentalidad judía "hebrea" el número siete simboliza o representa la perfección.

En otras palabras, el mensaje va dirigido a las siete iglesias y no a una en particular; la realidad es que va dirigida a toda la iglesia, la iglesia universal que más tarde se llamaría en latín, "católica= universal". Toda la iglesia "Universal", en algún momento, pasaron o pasarán por algunas de esas dificultades.

Como podemos ver, faltaría la iglesia de Corintios, la de Roma y Jerusalén. También estaban las de Judea, Galilea y Samaria, la iglesia de Antioquía en donde por primera vez se les llamó cristianos. La lista de las iglesias es más larga, no obstante, creo importante hacer ver que no sólo había siete iglesias, había más solo que el autor utiliza este número de forma simbólica.

Moisés Ríos Pérez
yahvehyire@hotmail.com

Por eso vemos al final de cada carta la frase: *"El que tenga oídos, oiga lo que el Espíritu dice a las iglesias (Apocalipsis 3, 13)."*

Como podemos leer, el autor les está hablando a "las iglesias" y no a "una iglesia" habla en plural y no en singular. En estos momentos te quiero invitar a reflexionar, cuáles de estos problemas está pasando tú iglesia (capilla y/o parroquia).

LA PERSECUCIÓN RELIGIOSA

Repacemos cuáles son los problemas que enfrentaban las iglesias. Los judíos los estaban expulsando de sus sinagogas por creer:

a. Que Jesucristo era el Señor.

b. Por abandonar el Shabbat y tomar el domingo como el día de observación.

c. Creer que Jesús se encuentra en su cuerpo, sangre, alma y divinidad en un pedazo de pan.

d. Creer que la madre de Jesús realmente era virgen antes, durante y después del parto.

Moisés Ríos Pérez
yahvehyire@hotmail.com

Y todas estas creencias, los primeros cristianos, utilizaban el Antiguo Testamento para defender su fe. Y utilizaban la versión, que al momento ellos tenían a mano era la versión Septuaginta. Esto provocó que los judíos convocaran a lo que hoy en día se le conoce como el Concilio de Jamnia, por el rabino Yochanan ben Zakai. Este concilio dio comienzo en el año 70 después de Cristo.

¿Cuál fue el propósito de este concilio? Es en este concilio, que, por primera vez en la historia del pueblo judío, se crea el canon del Antiguo Testamento conocido como la Tanach. Anterior a esto ellos tenían una colección de libros hebreos y griegos conocido como la "Septuaginta". Es importante entender que a esta colección se le conocía como el "Código de Alejandría" y no era un canon sino más bien, una colección de libros aceptados como palabra de Dios.

Es en este concilio en cual "los judíos" sacan, ¡quitan! los libros griegos, libros que ellos mismos habían utilizado por tantos años, libros que utilizaron y citaron los escritores del Nuevo Testamento y hasta el mismo Jesús. Por lo tanto, este concilio de Jamnia lo que en realidad buscaba era sacar los libros de los cuales los primeros cristianos estaban basando su doctrina. Por lo que, sólo se podía utilizar aquellos escritos en hebreos. Es interesante que muchos de estos libros que fueron excluidos del canon judío por ser griegos fueron hallados entre los rollos del mar muerto, los Rollos del Qumran.

Tendamos lazos al justo, que nos fastidia, se enfrenta a nuestro modo de obrar, nos echa en cara faltas contra la Ley y nos culpa de faltas contra nuestra educación. Se gloría de tener el conocimiento de Dios y se llama a sí mismo hijo del Señor. Es un reproche de nuestros criterios, su sola presencia nos es insufrible, lleva una vida distinta de todas y sus caminos son extraños.

Nos tiene por bastardos, se aparta de nuestros caminos como de impurezas; proclama dichosa la suerte final de los justos y se ufana de tener a Dios por padre. Veamos si sus palabras son verdaderas, examinemos lo que pasará en su tránsito. Pues si el justo es hijo de Dios, él le asistirá y le librará de las manos de sus enemigos. Sometámosle al ultraje y al tormento para conocer su temple y probar su

Moisés Ríos Pérez
yahvehyire@hotmail.com

entereza. Condenémosle a una muerte afrentosa, pues, según él, Dios le visitará.

(Sabiduría 2, 12 -20).

¿De quién estará hablando esta lectura? ¿A quién estará describiendo? Si su respuesta es: "Jesús" usted está en lo correcto. Sin embargo, este fue uno de los libros "Sabiduría" que quitaron los judíos en el concilio de Jamnia, precisamente por que describía a Jesús.

Amado hermano, si tu Biblia no tiene el libro de Sabiduría, Usted, al igual que los judíos, está en contra del cristianismo.

LA PERSECUCIÓN POLÍTICA

Los emperadores se encuentran reclamando títulos y tributos de dioses. Ellos querían ser adorados y reconocidos como reyes y señores. El problema con esto era que los cristianos ya tenían a su Rey y Señor, a Jesús. Y estos no estaban dispuestos a rendirle homenaje a ninguna otra persona, aunque les costara la vida. Aparte de las dificultades religiosas y políticas antes mencionadas, también existen dos puntos más, los conflictos internos:

EL JUDAÍSMO

El problema del judaísmo no es lo mismo que el problema con los judíos. La definición correcta de judaísmo es; aquellos que fomentan y/o siguen la religión y cultura judía. Pero la definición de judaísmo que utiliza el autor del Apocalipsis es uno comparativo (Apocalipsis 3, 9).

Cuando el autor utiliza el término judaísmo, a lo que este hace referencia es al legalismo y a la falta de fervor. El judaísmo se caracteriza por la "observación" de la Torah. En otras palabras, es un entrar en una práctica religiosa rutinaria. No se suman las veces que he escuchado a personas decir: "La religión no salva. Lo que salva es una relación personal con Dios".

Entendamos los siguiente; la palabra religión viene del religare, ligar. Unir fuertemente. Por lo que, la religión lo busca es que tengamos una unión (relación) fuerte con Dios. Por lo que, decir que la religión no salva es una ignorancia.

Por eso encontramos la siguiente cita: *"Tengo contra ti que has perdido el primer amor (Apocalipsis 2, 4)"*. Y es que nosotros, hoy en día, pecamos de lo mismo.

Moisés Ríos Pérez
yahvehyire@hotmail.com

Muchos católicos entramos en esa práctica, muchos vamos a misa porque es "precepto" y no porque queremos encontrarnos con Jesús Eucaristía y vivir en un amor comunitario. Todo lo que hacemos es por cumpliMIENTO: "cumplo, pero a la misma vez miento" porque no lo hago de corazón. Lo hago porque tengo que bautizar, porque tengo que hacer la comunión o tengo que llevar a mis hijos hacer la comunión, porque tengo que confirmarme, porque me tengo que casar por la iglesia. Y es de esta manera que vamos cayendo en la rutina y a la vez vamos perdiendo ese primer amor, porque tengo que hacer y no porque quiero, deseo y siento hacerlo.

Vamos creando tradiciones que no existen, tales como que una mujer no debe dar la comunión, hay quien incluso critica a los ministros extraordinarios de la comunión, desconociendo que hay un niño santo que lo mataron por querer quitarle las comuniones que llevaba para los enfermos. Su nombre es San Tarcisio, mártir de la Eucaristía y patrón de los monaguillos.

Agosto 15

Moisés Ríos Pérez
yahvehyire@hotmail.com

San Tarcisio: Mártir de la Eucaristía, pídele a Dios que todos y en todas partes demostremos un inmenso amor y un infinito respeto al Santísimo Sacramento donde está nuestro amigo Jesús, con su Cuerpo, su Sangre, Su Alma y su Divinidad...

Amén...

Será que se nos olvida que la iglesia tiene el poder de atar y desatar. También hay quienes quieren imponer el que la comunión tiene que ser en la boca porque es pecado recibirlo en la mano.

Como mencioné anteriormente, la iglesia tiene el poder de atar y desatar. El día en que la iglesia diga que es en la boca será en la boca, pero mientras la iglesia diga que puede ser por medio de boca o mano tengamos mucho cuidado con hacer leyes eclesiásticas que no nos corresponde.

Si usted tiene o asume una espiritualidad de comulgar en la boca, ¡Gloria a Dios!, pero las espiritualidades no se pueden imponer. Es como si los carismáticos quisieran imponer que para orar todo el mundo tiene que levantar las manos y gritar aleluya y gloria a Dios. ¿Es eso malo? ¡Claro qué no!

Moisés Ríos Pérez
yahvehyire@hotmail.com

pero esa es mi espiritualidad y la iglesia la permite, pero yo no la puedo imponer a otros.

Cuando el autor se refiere a "volver al primer amor" no necesariamente se está refiriendo a volver hacer las cosas de la manera en que se hacían antes. Volver al primer amor, significa volver a sentir lo que sentíamos al principio, significa servirle al Señor nuevamente con esa pasión y entrega. Significa volver a postrarnos ante la presencia del altísimo y llorar de gozo ante Él.

Después vemos que llega alguien nuevo a nuestro grupo o capilla haciendo lo que ya nosotros no hacemos; estas personas llegan con nuevos bríos que se quieren comer el mundo y nosotros, ¿Qué hacemos? Los detenemos porque son muy "EMOCIONALES". Son muy "INMADUROS". Es que son "MUY JÓVENES". Claro, es muy importante entender que con esto no quiero decir que no se debe corregir, amonestar y/o en caminar a los nuevos. Pero cuando lo hagamos, hagámoslo con amor y caridad. Hay que motivar, animar e impulsar. Por lo tanto, regresar a ese primer amor también nos invita, a de vez en cuando, a ser emocionales, a darle vida y pasión a lo que estamos haciendo.

HEREJÍAS

"Has combatido contra los Nicolaítas".

Antes que todo, entendamos quiénes eran los Nicolaítas. Los Nicolaítas eran una corriente filosófica, esto está claro porque, mientras que la iglesia de Éfeso es felicitada, por rechazarlos, a la iglesia de Pérgamo los reprende por haberlos acogido.

Esta corriente filosófica no era otra religión, era una filosofía pagana que buscaba infiltrar una doctrina de liberalismo. Era una corriente que, no busca crear otra religión sino más bien influenciar dentro de la religión corrientes de otra fe y pensamiento. Y de esta manera destruir la religión y crear un gnosticismo. El gnosticismo en si no era una religión, sino más bien distintas ideas religiosas.

Ser Nicolaítas se refiere a ser muy liberal, que esto sería lo contrario al judaísmo. Esto, también lo podemos ver hoy en día, muchas veces vemos a hermano cayendo en las CONFUSIONES de nuestros hermanos separados. Leen tantos libros y escuchan tantos programas de radio y televisión protestantes que los escuchamos repetir frases que van en contra de la doctrina católica, y si nos dejan también le discutimos al sacerdote. No son ni fríos ni calientes, son tibios.

Vamos a misa y comulgamos, más sin embargo todavía hay quien consulte el horóscopo. Se escuchan frases tales como: "Todo se puede en gracia", "no me tengo que confesar con ningún hombre" porque la, Biblia dice: "Maldito el hombre que confía en otro hombre".

Vamos cayendo en esta mentira de la Sola Scriptura o solo Biblia. Este término se refiere al principio suscitado por la reforma protestante de Lutero de que las Sagradas Escrituras tienen todas las respuestas y no hace falta la Tradición Apostólica.

Un pensamiento completamente erróneo y desacertado de parte de Martín Lutero que, de hecho, él mismo tuvo dificultades con este principio cuando él quiso enseñar su propia interpretación de algunos pasajes bíblicos. No obstante, de esto hablé bastante en mi libro; "De Leche y Miel a Comida Sólida, Un Mensaje Diferente I".

Esto también pasa en los movimientos y grupos, llegan nuevo al grupo y lo quieren cambiar todo, "esta gente está, a lo antiguo", "ellos me tienen celo porque Dios me dio un 'don' que ellos no tienen". Le corrigen y ellos no dicen: "gracias a Dios que hay alguien ayudándome a crecer", ¡no! dicen: "están apangando el fuego del espíritu".

Los que llegan nuevos se creen que todo comenzó el día en que ellos llegaron. Para ellos, antes que ellos llegaran no existía nada. Se dan cuentan de todos los defectos de los servidores, pero no parecen darse cuenta de sus propios defectos.

Ser Nicolaítas también lleva a pensar a aquellos que llegan nuevos, que solo basta con tener o sentir un llamado como predicador. Ellos van pensando "no necesito formación, porque el espíritu me indicará". Incluso utilizan la palabra de Dios para sostener ese pensamiento: "abran sus bocas que yo se las llenaré". Los envías a tomar cursos de la escuela de evangelización o al Instituto Diocesano (de mi diócesis de Mayagüez, PR) y se molestan porque el coordinador exige mucho. Estos Nicolaítas, no soportan la

Moisés Ríos Pérez
yahvehyire@hotmail.com

corrección, ni mucho menos las amonestaciones. ¿Conoces a algún Nicolaíta?

Estos son los que van y crean sus propios ministerios donde ellos son los que mandan y nadie les puede decir qué hacer porque ellos piensan "estoy haciendo el trabajo que otros deberían hacer". Porque ellos se sienten que están en el espíritu y los demás están en la carne. Ellos piensan que, lo que hace falta es trabajar, trabajar y trabajar. Desarrollar un ministerio, grupo o movimiento apostólico no es mal, ¡todo lo contrario! Sin embargo, tristemente el peligro es cuando no trabajan ni apoyan los trabajos en su propia parroquia.

¿Amado hermano que estás leyendo, vas entendiendo el mensaje a las siete iglesias? Podemos ver como el mensaje no es para una comunidad, sino para toda la iglesia. Estoy seguro de que, incluso este mensaje también está dirigido a usted y a mí. Alguna vez nos compartamos como lo judaizantes y otras veces como los Nicolaítas. ¡Por mi culpa, por mi culpa, por mi gran culpa! Podemos ver como el autor del libro de Apocalipsis, cuando le escribe a las iglesias, siempre intenta resaltar primero lo bueno de esta comunidad y luego sus conflictos. Sería bueno que nosotros,

Moisés Ríos Pérez
yahvehyire@hotmail.com

como líderes, también intentemos hacer lo mismo. Primero poder ver lo positivo de las personas y luego trabajar con aquellas áreas conflictivas. No es buscar lo malo, es encontrar áreas en las cuales debemos mejorar. A continuación, veamos iglesia por iglesia tanto los puntos positivos como aquellos conflictivos con sus símbolos y su significado.

Éfeso.

a. *"Se llaman a sí mismos apóstoles":* Esto se refiere a aquellos, que quizás no estaban dispuestos a someterse a las enseñanzas de la iglesia por medio de la corrección fraternal. Los que andaban como agentes libres sin compromisos ni responsabilidades con ninguna comunidad. Aquellos que posiblemente habían creado sus propios ministerios en donde ellos eran el coordinador, el subcoordinador, tesorero y secretario. Me parece acordarme de aquel programa de Televisión de antes que salí por un canal aquí en Puerto Rico: Cuca Gómez: *" Yo lo fabrico, yo lo uso y yo lo recomiendo".*

b. Estos que *"Se llaman a sí mismos apóstoles",* Son aquellos que nunca están desacuerdo con la elección del coordinador. Ellos son los que tienen los planos de la

Renovación Carismática Católica. Estos son los que nunca están de acuerdo con sus párrocos. Son aquellos que predican sin ninguna formación y transmiten, por medio de sus mensajes errores doctrinales. ¿Alguien conoce a uno que se crea apóstol y no lo sea?

c. *"Has perdido tu amor del principio"*: En los últimos años se ha escuchado mucho esta frase, "volvamos al primer amor". La pregunta es: ¿Volver a qué? Es importante entender que el autor no está pidiendo que regresen a las primeras estrategias, sino al primer amor, el amor comunitario, el amor por la oración y la pasión por servirle al Señor. El estar enamorado de Jesús y de su iglesia. El vivir una vida sacramental y de oración comunitaria. Volver al gran amor comunitario y el respeto, amor y admiración hacía la jerarquía de la iglesia. A eso es lo que nos invita el Señor por medio de esta carta.

Esmirna

a. *"Eres pobre, pero eres rico"*: lo que quiere decir es, que quizás económicamente ($) no sean personas ricas, pero sí tienen una fe millonaria.

Moisés Ríos Pérez
yahvehyire@hotmail.com

b. "Su Sinagoga es la de Satanás": Aquí podemos ver cuán palpable es esa separación de los cristianos entre los judíos. Las primeras comunidades van comprendiendo que ya ellos no van formando parte del pueblo escogido, sino que son la iglesia de Dios, la novia del cordero.

c. "Diez días": significa un tiempo corto. Nosotros diríamos un par de días. Es como cuando regañamos a nuestros hijos y le decimos: Te lo dije mil veces. ¿Cuántas veces se lo dijimos? Quizás algunas diez veces, pero jamás mil veces.

d. "Corona de vida": En los juegos romanos los ganadores recibían, especie de una corona. Pues para los cristianos que permanezcan fiel, también les espera una corona, pero esta será la corona de vida. El que tenga oídos, escuche este mensaje del Espíritu a las Iglesias: El vencedor no tiene nada que temer de la segunda muerte.

e. "No tiene nada que temer de la segunda muerte.": En otras palabras, de acuerdo con lo que, en ese momento se estaba viviendo, el autor los anima diciendo que ellos podrán morir físicamente pero el espíritu no sufrirá la muerte eterna. Serán librados del infierno.

Moisés Ríos Pérez
yahvehyire@hotmail.com

Pérgamo

a. **"Trono de Satanás y tierra de Satanás"**: Había en aquella cuidad un templo muy famoso la cual se dedicaba al culto imperial.

b. **"Antipas el fiel testigo"**: Hay una tradición muy bonita sobre Antipas. Antipas posiblemente, según tradiciones, fue Obispo de esta iglesia o de esta diócesis.

Tiatira

a. **"Ojos como llamas de fuego"**: Es una fuerza penetrante de su vista y conocimiento de todo lo que pasa aún en el corazón más escondido. ¡Él lo ve todo!

b. **"Pies como el bronce brillante (metal acrisolado)"**: Significa su estabilidad inconmovible. Nadie lo puede ni tumbar ni derrocarlo.

Sardes

a. **"Vestido de blanco"**: En este versículo se refiere al vestido de victoria, también puede ser pureza, alegría.

Filadelfia

"Así habla el Santo, el Verdadero, el que guarda la llave de David: si él abre, nadie puede cerrar, y si cierra, nadie puede

Moisés Ríos Pérez
yahvehyire@hotmail.com

abrir. Sé lo que vales; <u>he abierto ante ti una puerta que nadie podrá cerrar</u>, pues, por pocas que sean tus fuerzas, has guardado mi palabra y no has renegado de mí.

Has guardado mis palabras, que ponen a prueba la constancia, pues yo te protegeré en la hora de la prueba que va a venir sobre el mundo entero y que probará a los habitantes de la tierra".

(Ap. 3, 7).

a. **"*he abierto ante ti una puerta que nadie podrá cerrar*"**:
La bendición que Dios te da nadie te lo puede quitar.

Laodicea

De las siete iglesias, Laodicea es la que recibe el reproche más fuerte de parte del Señor. Incluso, es el único que no recibe elogios. Veamos:

"Conozco tu conducta: no eres ni frío ni caliente. ¡Ojalá fueras frío o caliente! Ahora bien, puesto que eres tibio, y no frío ni caliente, voy a vomitarte de mi boca. Tú dices: «Soy rico; me he enriquecido; nada me falta». Y no te das cuenta de que eres un desgraciado, digno de compasión, pobre, ciego y desnudo.

Te aconsejo que me compres oro acrisolado al fuego para que te enriquezcas, vestidos blancos para que te cubras, y no quede al descubierto la vergüenza de tu desnudez, y un colirio para que te des en los ojos y recobres la vista. Yo a los que amo, los reprendo y corrijo. Sé, pues, ferviente y arrepiéntete".

(Apocalipsis 15, 15 – 19).

¿Cómo está tu comunidad? ¿Podría el Señor elogiarlos a ustedes, o recibiríamos los mismos reproches de parte del Señor? ¡Dios nos libre, de un reproche así!

```
            ת  א
            ש  ב
            ר  ג
   צ ק   ת  א   ה ד
   פ ע          ז ו
            ס  ח
            נ  ט
            מ  י
            ל  כ
       יְהֹוָה יִרְאֶה
```

ESCENARIO POLÍTICO RELIGIOSO

¿CUÁL ES EL ESCENARIO?

Cuando se estudia hermenéutica, se busca estudiar, la cultura, el idioma y la realidad histórica del momento de redacción del libro que se analiza. Cuando se escribe el Apocalipsis, los cristianos se encuentran atrapados entre los judíos y romanos. En otras palabras, entre la política y la religión.

Hoy en día vemos cómo, la mayoría, por no decir todas, religiones del mundo, de alguna manera u otra atacan a nuestra iglesia católica con mentiras, calumnias y acusaciones de que es la bestia y anticristo, que si es la ramera y la gran babilonia. A continuación, veremos cuáles

Moisés Ríos Pérez
yahvehyire@hotmail.com

fueron esas dificultades por las cuales pasaron los primeros cristianos con la política y la religión.

POLÍTICA

La iglesia naciente está siendo perseguida y martirizada por el Imperio Romano. Este Imperio tuvo varios emperadores, estos emperadores se encontraban reclamando que ellos eran dioses y señores. De todos los emperadores los peores lo fueron Nerón y Domiciano.

Cuando leemos el Apocalipsis nos encontraremos con un juego de símbolos (claves), que en algún momento describen a Nerón y otras veces a Domiciano, pero comparándolo con Nerón.

1. Encontraremos como estos dos emperadores intentan imponer a los primeros cristianos el ser ellos adorados y llamados señor y dios. Los primeros cristianos no estaban dispuestos a reconocer a ningún hombre como señor y dios, ya que ellos ya tenían a su Señor y Dios, a Jesús de Nazaret, el hijo de María la virgen.

2. Nerón acusó a los primeros cristianos de haber quemado a Roma. Acción que provocó la persecución en contra de los cristianos.

Los romanos acusaban a los primeros cristianos de ser "caníbales", porque decían comer el cuerpo y la sangre de Jesús (santa misa).

RELIGIOSO

Los judíos estaban expulsando a los cristianos de las sinagogas por creer en Jesús y proclamarlo el Mesías. En adición, los cristianos estaban pasando por el proceso de ser judíos a cristianos. Este es un proceso de entender a Jesús y sus enseñanzas. Es importante entender que ese proceso, el cambiar de judío a cristiano, no pudo haber sido fácil ni tampoco rápido. Basta ver en los hechos de los apóstoles los debates de Pedro y Pablo. Todo esto representaba unos conflictos internos muy profundos para ellos. ¿Cuáles eran?

1. Los primeros cristianos enseñaban que Jesús nació de María virgen. Aunque en el evangelio ciertamente era identificado como el hijo de María, también es cierto, que no era referido como hijo de

Moisés Ríos Pérez
yahvehyire@hotmail.com

María Virgen. Esto fue uno de los debates más grandes que ellos tuvieron con los judíos y posiblemente uno de los acelerantes que provocó el concilio de Jamnia. Este concilio fue en donde los judíos establecieron, ¡por primera vez en la historia judía! su canon de libros. En este canon eliminaron varios libros incluyendo los 7 libros que nuestros hermanos protestantes no tienen en sus Biblias. Entendamos el siguiente dato; una de las razones de peso por la cual quitaron estos siete libros lo fue para contra rectar el cristianismo. Conste; libros que ellos, los judíos, utilizaban hasta esa fecha. Otro de los acelerantes para establecer el canon del antiguo testamento para los judíos, ¿Por la destrucción del templo? Quizás fue uno de ellos, pero no el de mayor peso. ¿Cómo lo podemos saber? Cuando se suscitó el debate entre el judío Trifón y San Justino Mártir, el tema del templo nunca sale a relucir. El criterio que utilizaron para no aceptar esos 7 libros en sus canon fue el querer preservar aquellos libros escritos en hebreo.

Moisés Ríos Pérez
yahvehyire@hotmail.com

2. Reconocer a Jesús como el mesías (Yeshúa HaMashiach), Señor y Salvador. Esto significaba reconocer que Jesús era el alfa y omega, "el principio y fin" (Ap. 1, 8). El Apocalipsis es un libro atrevido, porque nos presenta a Jesús como cordero degollado (crucificado), de pie(resucitado) ante el trono de Dios Padre, recibiendo la MISMA GLORIA que el Eterno "Yahveh". Quizás para nosotros eso sea normal, pero debemos entender que para los judíos que, recitaban el Shema todos los días, eso no era algo normal: ¿Quién se sabe el Shema?

Shema Yisrael Adonai Eloheinu, Adonai Echad.

(שְׁמַע יִשְׂרָאֵל יהוה אֱלֹהֵינוּ יהוה אֶחָד)

"Escucha Israel el Señor es nuestro Dios, uno es el Señor".

Para los primeros cristianos, reconocer a Jesús como Dios, Señor y Salvador, era algo muy difícil de entender y aceptar; pero una vez aceptado estuvieron dispuestos a morir por esa verdad.

3. Cambiar la observación del Shabbat, que los identificaba a ellos con el pueblo judío "el pueblo escogido", al domingo, día del Señor. Los primeros

cristianos aún tenían la costumbre de guardar el Shabbat (sábado) pero luego de terminado el Shabbat (sábado) se reunían a la fracción del Pan "la misa", y la enseñanza de los apóstoles.

Posiblemente por eso podemos ver el por qué Eutiquio se cayó de la ventana, cuando Pablo celebraba la misa y éste se extendió (Hechos. 20, 9). Porque ellos comenzaban la observación del Shabbat a las 6:00pm del viernes hasta las 6:00pm del sábado. Finalizado el día del descanso, continuaban con la celebración de la misa, "fracción del pan y enseñanza de los apóstoles", el día del Señor, "el primer día de la semana (domingo)" a las 6:00pm de la tarde del sábado hasta las 6:00pm de la tarde del domingo.

Por lo tanto, si Pablo se extendió predicando, en el día del Señor, el autor posiblemente se refería a la madrugada de sábado para domingo y no de domingo para lunes. Imagínese estar en una celebración desde, alrededor de las seis de la tarde (finalizado el Shabbat) hasta la medianoche (ya domingo, día del Señor) escuchando a Pablo. Esto porque él quería aprovechar su visita al máximo. ¿Duró la Misa, tanto tiempo? Sí; eso lo vemos como el versículo 11a:

"Subió luego; partió el pan y comió...".

Como podemos ver, Eutiquio cayó en el momento de la homilía extendida de Pablo. Eutiquio es levantado por Pablo y entonces es que Pablo pasa la a, "Liturgia Eucarística". Luego de haber partido el pan, siguió hablando, pero ya no en la misa, Versículo 11b:

"después platicó largo tiempo, hasta el amanecer. Entonces se marchó.

Así que, para aquellos judíos que habían vivido toda su vida observando el Shabbat, el entender y aceptar el domingo como el día del Señor posiblemente fue un proceso muy difícil, pero una vez entendido estuvieron dispuestos a morir por esa verdad.

Moisés Ríos Pérez
yahvehyire@hotmail.com

4. Creer que en la santa misa realmente era el mismo Jesús el que se daba en su cuerpo, sangre, alma y divinidad por medio de las especies del pan y del vino. Existe un documento de parte de "Gayo Plinio mejor conocido como Pliny el joven, quien le escribe a Trajano. En esta carta Pliny el joven intenta explicarle a Trajano que los cristianos comían alimento totalmente corriente e inocuo.

¿Por qué Pliny el joven le aclara ese punto a Trajano? Porque los romanos acusaban a los primeros cristianos de ser caníbales, porque decían comer el cuerpo y la sangre de Jesús.

"También decían que, una vez realizados estos ritos, tenían por costumbre separarse y reunirse de nuevo para tomar el alimento, totalmente corriente e inocuo, pero que dejaron de hacerlo tras mi edicto, por el cual, según tus mandatos, había prohibido que hubiera asociaciones."

Carta de Gayo Plinio a Trajano 7b.

Moisés Ríos Pérez
yahvehyire@hotmail.com

Los primeros cristianos estuvieron dispuestos a morir por la creencias de que, en la Eucaristía se encuentra el cuerpo, la sangre, el alma y divinidad de Jesús.

San Pablo así lo creía:

"Por tanto, quien coma el pan o beba la copa del Señor indignamente, será reo (será culpable= comete pecado) del Cuerpo y de la Sangre del Señor."

(I Corintios 11, 27).

Era claro para san Pablo y también para los primeros cristianos que Jesús está realmente en su cuerpo y sangre, alma y divinidad de Jesús:

Esforzaos, por lo tanto, por usar de una sola Eucaristía; pues una sola es la carne de Nuestro Señor Jesucristo y uno sólo es el cáliz para unirnos con su sangre, un solo altar, como un solo obispo junto con el presbítero y con los diáconos consiervos míos; a fin de que cuanto hagáis, todo hagáis según Dios".

San Ignacio de Antioquía.

Moisés Ríos Pérez
yahvehyire@hotmail.com

Los primeros cristianos al entender el milagro de la Eucaristía dieron *su vida por esta verdad*. *¿Quién era San Ignacio de Antioquía?* Nace entre años 30 al 35 DC y muere para el 107DC. Se celebra su fiesta el 17 de octubre. San Ignacio de Antioquía fue discípulo directo de San Pablo y San Juan evangelista y el segundo sucesor de Pedro en el gobierno de la Iglesia de Antioquía. Fue el primero en llamar a la Iglesia "católica".

5. Pasar a ser de pueblo escogido "los judíos" a iglesia de Dios, la novia del cordero. Amado hermano es importante entender que nosotros no somos el pueblo escogido, eso los son los judíos. Nosotros somos la iglesia de Dios, hijos adoptivos, somos lo que Juan en su libro de Apocalipsis llama, la novia del cordero.

Como podemos ver, el libro del Apocalipsis les dio a los primeros cristianos el conocimiento, la inspiración y la fuerza para aceptar y enfrentar esos conflictos "políticos y religiosos" de tal manera que estuvieron dispuestos a morir por esas verdades. ¿Cuántos estamos dispuestos a morir por

Moisés Ríos Pérez
yahvehyire@hotmail.com

Cristo? ¿Cuántos estamos dispuestos a defender esas verdades, verdades de nuestra fe CATÓLICA? ¿Cuántos estaríamos dispuestos a morir por esas verdades tal y como lo hicieron los primeros cristianos?

Hoy en día, lamentablemente, cualquier corriente protestante sacude los cimientos de nuestra fe. Cualquier pastor que diga, "basándose en el Apocalipsis", que la iglesia católica es la gran ramera ya pone en duda nuestra fe.

Ya hay hasta católicos que repiten frases protestantes como: "Yo no me confieso con un hombre", "ya estamos en los últimos tiempos" y casi le falta incluso decir Jehová en vez de Yahveh. Entendamos: Los primeros cristianos estuvieron dispuestos a morir por las siguientes verdades de fe:

1. María fue virgen antes, durante y después del parto.
2. El domingo es el día del Señor.
3. Sólo Jesús era su Señor y Salvador.
4. Lo más importante, el centro de nuestra fe: Jesús realmente está presente en la Eucaristía.

Los primero cristianos estuvieron dispuestos a morir por cada una de estas verdades de fe. Hoy en día, tristemente

Moisés Ríos Pérez
yahvehyire@hotmail.com

estas verdades de fe CATÓLICA están siendo combatidas por los protestantes y nosotros, muchas veces, caemos en esa mentira. Parece ser que hay mucho que aprender de los primeros cristianos.

Como han podido ver, el Apocalipsis no es un libro de miedos ni de profecías apocalípticas para 2,000 años después de haber sido escrito. El mensaje central del libro es un llamado a mantener la resistencia. Sí, la resistencia a los embates que día a día sufren los cristianos contra las acechanzas del enemigo. Hoy nuestra iglesia católica es la más atacada y nosotros no sabemos cómo defenderla.

El Apocalipsis no tan solo es un llamado a mantener la resistencia, también es un llamado a no desvanecer en la fe, a no reconocer a otra persona como Dios, es un mensaje de Amor y Esperanza.

El Apocalipsis nos invita a:

1. A no perder el ánimo: "*Ya no tendrán hambre ni sed; ya nos les molestará el sol ni bochorno alguno. Porque el Cordero que está en medio del trono los apacentará y*

los guiará a los manantiales de las aguas de la vida. Y Dios enjugará toda lágrima de sus ojos. Ap. 7, 16-17."

2. Es un acto de presencia: *"Mira que estoy a la puerta y llamo; si alguno oye mi voz y me abre la puerta, entraré en su casa y cenaré con él y él conmigo.* Ap. 3, 20."

3. Es una revelación: Porque presenta a Jesús como el Rey de Reyes y Señor de Señores. *Ap. 19, 16.*

4. Nos presenta a Jesús que consuela: *No llores más, que ha salido el vencedor el heredero del trono de David, a quien se le llama el León de Judá. Ap. 5, 5a.*

5. Nos presenta a un Jesús Poderoso: *El que tiene poder y autoridad, de lo que está pasando, aún en la persecución. Jesús tiene el control. "Eres digno de tomar el libro y abrir sus sellos; Ap. 5, 9ª.*

6. Nos presenta a Jesús que nos rescata: *"porque fuiste degollado y compraste para Dios con tu sangre hombres de toda raza, lengua, pueblo y nación" Ap. 5, 9b.*

En otras palabras, el Apocalipsis tiene en su esencia un grito de esperanza. ¡Con Cristo todo y sin Cristo nada! El Apocalipsis es un llamado a reconocer a Jesús como nuestro Señor y salvador, a reconocer a Jesús como el león de Judá, el Alfa y Omega, el cordero de Dios que quita el pecado del

Moisés Ríos Pérez
yahvehyire@hotmail.com

mundo. A eso nos invita el Apocalipsis, a no tener miedo sino a que seamos valientes. ¡Valientes hasta la muerte!

Oremos:

Padre celestial, hoy me acerco a ti, necesitado de tu fuerza pues, así como les sucedió a los primeros cristianos, a veces siento que el desánimo me quiere vencer. Hoy te abro las puertas de mi corazón y te invito a entrar en mi vida. Hoy te reconozco como el Rey y Señor de mi vida. Tú me llenas de nuevas fuerzas y me animas con tu santo Espíritu. A ti sea la gloria por los siglos de los siglos, amén.

Moisés Ríos Pérez
yahvehyire@hotmail.com

ת א
ש ב
ר ג

צ ק ת א ד ה
פ ע   ז ו
ס ח
נ ט
מ י
ל כ

יְהֹוָה יִרְאֶה

LITURGIA CELESTIAL

En el libro de Apocalipsis encontramos resaltado el centro de nuestra fe católica, de una manera extraordinaria. Scott Hahn teólogo convertido al catolicismo, nos comparte:

"Mi propuesta es que la clave para comprender la Misa es el libro bíblico del Apocalipsis; y, más aún, que la Misa es el único camino por el que un cristiano puede encontrarle verdaderamente sentido al Apocalipsis".

Ex pastor protestante y teólogo Scott Hahn "La Cena del Cordero" (Pág. 22).

Recomiendo leer este libro "La Cena del Cordero" del hermano Scott Hahn, ex pastor protestante, aunque hago

Moisés Ríos Pérez
yahvehyire@hotmail.com

una aclaración. La interpretación que utiliza Hahn, en su libro, sobre el libro de Apocalipsis es una teología espiritual no hermenéutica. Lo gracioso de todo es que, él pensaba que estaba descubriendo algo nuevo. Sin embargo, ya la iglesia lo había descubierto. La liturgia celestial en el apocalipsis es la Misa, "La Cena del Cordero".

En el estudio de este libro él no encontró que la iglesia católica fuera la gran ramera ni el 666. Lo que encontró fue; los signos y símbolos que vemos todos los días en la santa Misa. ¡Todos los días! Ahora mismo mientras usted lee este libro, hay un sacerdote consagrando; en algún lugar del mundo se está celebrando la Eucaristía. ¡Todos los días! El único día que no se hace consagración es el viernes santo.

El hermano Hahn cae en la cuanta, que indubitablemente el autor de Apocalipsis hace alusión a la celebración de la Liturgia celestial, porque era exactamente lo que se encontraban viviendo diariamente en las comunidades. Esta interpretación de Hahn tiene base teológica. Pues, en ella se encuentra la riqueza litúrgica de la primera comunidad. Una liturgia, no inventada por los primeros cristianos, sino más

Moisés Ríos Pérez
yahvehyire@hotmail.com

bien, siguiendo el mandato del mismo Jesús: "Haced esto en memoria mía".

LA CELEBRACIÓN DE LA LITURGIA CELESTIAL

En el catecismo de la iglesia católica encontramos lo siguiente:

1137 - El Apocalipsis de S. Juan, leído en la liturgia de la Iglesia, nos revela primeramente que "un trono estaba erigido en el cielo y Uno sentado en el trono" (Ap. 4,2): "el Señor Dios" (Isaías 6,1; Cf. Ezequiel 1,26-28). Luego revela al Cordero, "inmolado y de pie" (Apocalipsis. 5,6; Cf. Juan. 1,29): Cristo crucificado y resucitado, el único Sumo Sacerdote del santuario verdadero (Cf. Hebreo. 4,14-15; 10, 19-21; etc.), el mismo "que ofrece y que es ofrecido, que da y que es dado" (Liturgia de San Juan Crisóstomo, Anáfora). Y, por último, revela "el río de Vida que brota del trono de Dios y del Cordero" (Ap. 22,1), uno de los más bellos símbolos del Espíritu Santo (Cf. Juan 4,10-14; Ap. 21,6).

(Catecismo Católica 1137).

TIPOS DE INTERPRETACIÓN Y ESTUDIO

Moisés Ríos Pérez
yahvehyire@hotmail.com

Interpretar el libro de Apocalipsis no es una tarea fácil, el mismo Martín Lutero se vio muy tentado a eliminarlo de la Biblia. Muchas personas se encierran en sus cuartos, oran, abren la Biblia y comienzan a interpretarla.

Una cosa es interpretar la Biblia y otra, muy distinta leerla para enriquecimiento espiritual. Para poder interpretar de forma correcta, seria y coherente las Sagradas escrituras se debe tener, al menos un mínimo de conocimiento en siguientes materias: autor y fecha de redacción, escenario cultura, políticas e históricas al momento de ser redactado.

¿En qué idioma o incluso, idiomas, fue redactado? A quién va dirigida y finalmente se debe conocer, cuál pudo haber sido la intención del autor.

Luego de tener todos estos elementos faltaría la parte aún más importante: ¿Qué dice el magisterio de la iglesia católica? Uno de los errores más comunes que comenten algunos católicos es que primero escuchan el mensaje de miedo y odio de los protestantes fundamentándose en el Apocalipsis. Luego, tristemente, se van a solas a sus casas y buscan los textos citados e interpretados "erróneamente"

Moisés Ríos Pérez
yahvehyire@hotmail.com

por los nuestros hermanos separados y terminan yéndose de la iglesia.

Cuando estudiamos la biblia, antes que todo, nos deberíamos pregunta: ¿Qué dice y enseña la iglesia? Recordemos que iglesia es MADRE y MEASTRA. "columna y fundamento de la verdad (I Timoteo 3, 14-15)". Segundo paso; teniendo claro qué enseña la iglesia, voy a la Biblia y lo confirmo, por medio de la palabra de Dios "la Biblia". A continuación, les comparto !as distintas maneras en las que se puede leer y estudiar la Biblia.

ESPIRITUAL

¿Qué me dice, este pasaje? ¿Qué siento cuando lo leo? ¿Qué me enseña o, qué siento que Dios me pide? El P. José Lizarralde le llama a eso, buscarle la música a la palabra de Dios. Como les compartí anteriormente, el hermano Scott Hahn en su libro "La Cena del Cordero" comparte una reflexión espiritual ¡hermosa! sobre el libro del Apocalipsis. En otras palabras, él interpretó el Apocalipsis desde la teología espiritual. Al hermano Hahn lo llevó a entender que la santa misa es la cena del cordero de Dios que quita el pecado del mundo. El centro de nuestra fe católica, lo más importante para el católico debe ser y ES, la santa Eucaristía.

LA CENA DEL CORDERO (MISA)

La Cena del Cordero es la misa, instituido por el mismo Jesús: (Mateo 26, 22-29/ Marcos 14, 12-26/ Lucas 22, 7-20). También san Pablo nos habla de la santa Eucaristía (I Corintios 11, 23-27) y como si fuera poco en los hechos de los apóstoles nos deja saber que, los primeros cristianos eran asiduos a la fracción del pan (misa) y a la enseñanza de los apóstoles. En este texto san Pablo nos está describiendo la misa (Hechos 2, 42).

Esta visión de "La Liturgia Celestial", no nos debe sorprender. El mismo Apocalipsis nos habla de "Cena":

> Mira que estoy a la puerta y llamo; si alguno oye mi voz y me abre la puerta, entraré en su casa y **cenaré** con él y él conmigo.
>
> (Apocalipsis 3, 20).

¿Por qué cena? ¿Será cualquier cena? La referencia es más que obvia pues está hablando de la santa misa. Sin embargo, entendamos porqué el término cena. En el antiguo

Moisés Ríos Pérez
yahvehyire@hotmail.com

testamento los sacrificios se hacían sobre una mesa, no obstante, sólo el suma sacerdote podía participar de esa mesa. Jesús es el sumo sacerdote y ahora como sumo sacerdote, Él nos invita a participar de la mesa. Recordemos; Jesús es sacerdote y víctima.

Ya la carta a los hebreos nos habla de Jesús como sumo sacerdote:

Teniendo, pues, tal Sumo Sacerdote que penetró los cielos - Jesús, el Hijo de Dios - mantengamos firmes la fe que profesamos.

(hebreos 4, 14).

Y es que la iglesia no enseña nada distinto:

1136 la Liturgia es "acción" del "Cristo total" (Christus totus). Por tanto, quienes celebran esta "acción", independientemente de la existencia o no de signos sacramentales, participan ya de la Liturgia del cielo, allí donde la celebración es enteramente Comunión y Fiesta.

1137 el Apocalipsis de S. Juan, leído en la liturgia de la Iglesia, nos revela primeramente que "un trono estaba erigido en el cielo y Uno sentado en el trono" (Ap. 4,2): "el Señor Dios" (Isaías 6,1; Cf. Ez 1,26-28).

Luego revela al Cordero, "inmolado y de pie" (Ap. 5,6; Cf. Juan 1,29): Cristo crucificado y resucitado, el único Sumo Sacerdote del santuario verdadero (Cf. Hebreos 4,14-15; 10, 19-21; etc.), el mismo "que ofrece y que es ofrecido, que da y que es dado" (Liturgia de San Juan Crisóstomo, Anáfora).

Y, por último, revela "el río de Vida que brota del trono de Dios y del Cordero" (Ap. 22,1), uno de los más bellos símbolos del Espíritu Santo (Cf. Juan 4,10-14; Ap. 21,6).

(CCE 1136 -1137).

Dios utilizó el libro del Apocalipsis para ministrarle a un pastor protestante "Scott Hahn", no por medio del miedo, sino más bien revelándole el sacrificio del cordero de Dios, el misterio más hermoso e importante de nuestra fe católica.

Es el mismo Jesús el que se hace presente por medio de un pedazo de pan. Y no es un símbolo, es el cuerpo, la sangre, el alma y la divinidad de ese que tiene nombre de hombre y se llama Jesús.

LA DESCRIPCIÓN MÁS ANTIGUA DE LA MISA

En su escrito fechado hacia el año 155, a tan sólo 55 años después de la muerte del último Apóstol, san Juan evangelista de acuerdo con la tradición; san Justino mártir escribe:

JUSTINO MÁRTIR (Apología 1, 65-67)

Después de ser lavado de ese modo, y adherirse a nosotros quien ha creído, le llevamos a los que se llaman hermanos, para rezar juntos por nosotros mismos, por el que acaba de ser iluminado, y por los demás esparcidos en todo el mundo.

Suplicamos que, puesto que hemos conocido la verdad, seamos en nuestras obras hombres de buena conducta, cumplidores de los mandamientos, y así alcancemos la salvación eterna.

Terminadas las oraciones, nos damos el ósculo (beso) de la paz. Luego, se ofrece pan y un vaso de agua y vino a quien hace cabeza, que los toma, y da alabanza y gloria al Padre del universo, en nombre de su Hijo y por el Espíritu Santo.

Moisés Ríos Pérez
yahvehyire@hotmail.com

Después pronuncia una larga acción de gracias por habernos concedido los dones que de Él nos vienen. Y cuando ha terminado las oraciones y la acción de gracias, todo el pueblo presente aclama diciendo:

Amén, que en hebreo quiere decir así sea. Cuando el primero ha dado gracias y todo el pueblo ha aclamado, los que llamamos diáconos dan a cada asistente parte del pan y del vino con agua sobre los que se pronunció la acción de gracias, y también lo llevan a los ausentes.

A este alimento lo llamamos Eucaristía. A nadie le es lícito participar si no cree que nuestras enseñanzas son verdaderas, ha sido lavado en el baño de la remisión de los pecados y la regeneración, y vive conforme a lo que Cristo nos enseñó. Porque no los tomamos como pan o bebida comunes, sino que, así como Jesucristo, Nuestro Salvador, se encarnó por virtud del Verbo de Dios para nuestra salvación, del mismo modo nos han enseñado que esta comida—de la cual se alimentan nuestra carne y nuestra sangre—es la Carne y la Sangre del mismo Jesús encarnado, pues en esos alimentos se ha realizado el prodigio mediante la oración que contiene las palabras del mismo Cristo.

Moisés Ríos Pérez
yahvehyire@hotmail.com

Los Apóstoles—en sus comentarios, que se llaman Evangelios—nos transmitieron que así se lo ordenó Jesús cuando, tomó el pan y, dando gracias, dijo: Haced esto en conmemoración mía; esto es mi Cuerpo. Y de la misma manera, tomando el cáliz dio gracias y dijo: ésta es mi Sangre. Y sólo a ellos lo entregó (...).

Nosotros en cambio, después de esta iniciación, recordamos estas cosas constantemente entre nosotros. Los que tenemos, socorremos a todos los necesitados y nos asistimos siempre los unos a los otros. Por todo lo que comemos, bendecimos siempre al Hacedor del universo a través de su Hijo Jesucristo y por el Espíritu Santo.

El día que se llama del sol [el domingo], se celebra una reunión de todos los que viven en las ciudades o en los campos, y se leen los recuerdos de los Apóstoles o los escritos de los profetas, mientras hay tiempo. Cuando el lector termina, el que hace cabeza nos exhorta con su palabra y nos invita a imitar aquellos ejemplos. Después nos levantamos todos a una, y elevamos nuestras oraciones.

Moisés Ríos Pérez
yahvehyire@hotmail.com

Al terminarlas, se ofrece el pan y el vino con agua como ya dijimos, y el que preside, según sus fuerzas, también eleva sus preces y acciones de gracias, y todo el pueblo exclama: Amén. Entonces viene la distribución y participación de los alimentos consagrados por la acción de gracias y su envío a los ausentes por medio de los diáconos.

Los que tienen y quieren, dan libremente lo que les parece bien; lo que se recoge se entrega al que hace cabeza para que socorra con ello a huérfanos y viudas, a los que están necesitados por enfermedad u otra causa, a los encarcelados, a los forasteros que están de paso: en resumen, se le constituye en proveedor para quien se halle en la necesidad.

Celebramos esta reunión general el día del sol (domingo), por ser el primero, en que Dios, transformando las tinieblas y la materia, hizo el mundo; y también porque es el día en que Jesucristo, Nuestro Salvador, resucitó de entre los muertos; pues hay que saber que le entregaron en el día anterior al de Saturno [sábado], y en el siguiente —que es el día del sol—, apareciéndose a sus Apóstoles y discípulos, nos

Moisés Ríos Pérez
yahvehyire@hotmail.com

enseñó esta misma doctrina que exponemos a vuestro examen.

PAX ET BONUM

ESCATOLOGÍA

Otra vía para interpretar Apocalipsis lo es por medio de la escatología. La escatología es considerada por algunos el estudio: "Del final de los tiempos" y/o "fin del mundo". Además de estudiar el fin del mundo lo que busca es profundizar sobre la "esperanza cristiana". Así lo define el pequeño diccionario de teología de, Giacomo Canobbio serie "Verdad e Imagen":

Si hasta hace pocos decenios se refería a los llamados novísimos, ahora su objetivo se ha extendido y comprende no sólo las "cosas últimas", sino también la orientación del hombre y del mundo hacia su cumplimiento en Dios a través de Cristo por la fuerza del Espíritu Santo.

No estaré concentrando este libro en esa vía. Sí tocaré, como dice mi hermano Amador Acevedo: "a vuelo de pájaro" en otras palabras, las tocaré por encima sin profundizar. La línea la cual estoy concentrando este libro es utilizando el método histórico crítico.

Como mencioné anteriormente, quedarán sin tocar una infinidad de temas del libro de Apocalipsis. Apenas tocaré los puntos más controversiales y confundidos, y atendiendo las recomendaciones del hermano Christopher estaré tocando el tema de la escatología.

A pesar de no tocar estos pasados puntos, espero en Dios que aquellos puntos que sí pueda tocar, alcance ayudar al lector primero; en aclarar sus dudas, segundo; a que no tenga miedo en leer el libro del Apocalipsis y tercero; que este libro sea una HERRAMIENTA APOLOGÉTICA para que se pueda impartir talleres sobre este hermoso libro, que por tantos años ha sido mal usado, interpretado y manipulado por muchos.

Moisés Ríos Pérez
yahvehyire@hotmail.com

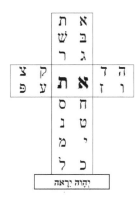

¿POR QUÉ LOS PERSEGUÍAN?

¿Quién acusará a los elegidos de Dios? Dios es quien justifica. ¿Quién condenará? ¿Acaso Cristo Jesús, el que murió; más aún el que resucitó, el que está a la diestra de Dios, y que intercede por nosotros?

¿Quién nos separará del amor de Cristo? ¿La tribulación?, ¿la angustia?, ¿la persecución?, ¿el hambre?, ¿la desnudez?, ¿los peligros?, ¿la espada?, como dice la Escritura: Por tu causa somos muertos todo el día; tratados como ovejas destinadas al matadero.

(Romanos 8, 34 – 36).

Los primeros cristianos fueron perseguidos, pero la pregunta sería: ¿Por qué los perseguían? ¿Cuál era el motivo?

Moisés Ríos Pérez
yahvehyire@hotmail.com

¿Qué fue aquello que les condujo al martirio? ¿Por qué tanto odio hacia los primeros cristianos? Ciertamente hay que entender que no hubo un Único factor. Sin embargo, de las distintas causas, hubo uno que provocó el inicio a las persecuciones y al martirio de los primeros cristianos.

La persecución, de parte de los judíos no nos debe extrañar, el mismo Jesús constantemente fue asediado por ellos. Pero a los primeros cristianos se dio debido a que ellos adoraban a Jesús como Dios. Y eso era un escándalo para los judíos, ya que no entendía el concepto de la Santísima Trinidad. Los judíos tienen una oración que recitan ya que ellos más recitan, el Shema: "*Shema Yisrael Adonai Eloheinu, Adonai Echad.*"

Hacer esta oración, para los judíos es afirmar la unicidad de Dios; hay UN solo Dios. Esta oración es tan importante para ellos que, en las puertas de sus hogares utilizan lo que se llama un mezuzah. Dentro de ese mezuzah hay un pequeño rollo en donde está la oración del SHEMA. Esta oración es tan importante que los judíos están obligado a recitarlo un mínimo de dos veces al día.

Moisés Ríos Pérez
yahvehyire@hotmail.com

La interpretación de, descubrir la realidad de la Trinidad de Dios, por medio de las escrituras no fue una fácil. Imagine; tomemos en consideración, que el relato de génesis 1; viene del autor Levítico, el último de las cuatro fuentes en aportar al pentateuco, algunos 500 años antes de Jesús. Y no fue hasta casi 250años después de Jesús. ¡Casi 700años después de génesis 1! Que se dio, prácticamente el primer debate sobre la Trinidad de Dios. Pero, y Jesús ¿aparece en el antiguo testamento?

La respuesta es sí, pero no de una forma sobrentendida. Nos hemos acostumbrado a que nos hablen de forma directa, que ya no buscamos ni profundizamos. Si queremos encontrar a Jesús, en el antiguo testamento, lo tendremos que hacer desde el conocimiento de su existencia. Pues, para los hebreos se les hacía imposible la idea de una trinidad, ya que para ellos Dios era un singular, sin entender que Dios más que ser un singular es una unidad; una unidad de tres "Dios Uno y Trino."

El mismo Shemá es testigo de la multiplicidad de Dios. "Shemá Yisrael Adonaí Eloheinu Adonaí echad". La palabra, **Eloheinu** se interpreta como: la multiplicidad de Dios. Y

Moisés Ríos Pérez
yahvehyire@hotmail.com

todavía más interesante es la palabra, Echad. Muchos la traducen como uno, no obstante, echad (אֶחָד) significa uno, no en singular. Echad significa uno de unidad.

"Por eso deja el hombre a su padre y a su madre y se une a su mujer, y se hacen una sola carne."

(Génesis 2, 24).

En esta lectura, "una sola carne" encontramos la palabra echad (אֶחָד). Como vemos, no habla de singular, nos habla de una unidad. Por lo tanto, el Shemá nos habla de la multiplicidad de Dios (Eloheinu) dentro de su unidad (Echad).

Por lo que encontrar a Jesús en el antiguo testamento es como llegar al final de una película. Después de haber entendido la película regresamos a verla para encontrar claves que no habíamos, o entendido o no les habíamos dado importancia, pero siempre estuvieron ahí.

Entonces la realidad de la trinidad de Dios siempre ha estado presente en las escrituras, no obstante, no lo habíamos podido descubrir, hasta que viéramos toda la película.

Moisés Ríos Pérez
yahvehyire@hotmail.com

También era de preocupación para el imperio romano, ya que los primeros cristianos no adoraban ni rendían culto a los dioses paganos mucho menos al César, quien se presentaba como dios y exigía que fuera adorado, no tan solo él, sino también sus dioses.

¿Pero, pudo eso haber precipitado la persecución y el martirio de tantos cristianos? Yo creo que no, y les comparto el porqué.

Dice la palabra de Dios:

> Pablo, de pie en medio del Areópago, dijo: «Atenienses, veo que vosotros sois, por todos los conceptos, los más respetuosos de la divinidad. Pues al pasar y contemplar vuestros monumentos sagrados, he encontrado también un altar en el que estaba grabada esta inscripción: «Al Dios desconocido.»
>
> Pues bien, lo que adoráis sin conocer, eso os vengo yo a anunciar. «El Dios que hizo el mundo y todo lo que hay en él, que es Señor del cielo y de la tierra.
>
> (Hechos 17, 22 -25).

Moisés Ríos Pérez
yahvehyire@hotmail.com

Como podemos ver en esta lectura, Pablo se encuentra con varios dioses, pero entre todos esos dioses encontró al "Dios desconocido" y sobre ese Dios él predicó. En otras palabras, lo que desató la persecución sobre los primeros cristianos no pudo haber sido, el adorar a un Dios, porque el adorar a distintos dioses ya era la norma. Entonces, queda la pregunta, por qué persiguieron o, mejor dicho, qué provocó, ¿qué precipitó la persecución?

Fácil, que no tan solo ellos, los primeros cristianos, no tenían como dios a otro que no fueron el único y verdadero Dios, siendo Jesús parte de la santísima Trinidad, verdadero hombre y Dios; es que los primeros cristianos tampoco tenían a otro REY que no fuera Jesús, y el Apocalipsis, como un grito de resistencia lo afirma:

> "Estos harán la guerra al Cordero, pero el Cordero, como es SEÑOR DE SEÑORES Y REY DE REYES, los vencerá en unión con los suyos, los llamados y elegidos y fieles.»" (Apocalipsis 17, 14).

¿Qué le está diciendo el autor del Apocalipsis a los primeros cristianos? No acepten ni den culto a ningún otro rey que no sea Jesús porque, ¡Él es nuestro rey! Y es a ese Rey a quien yo sirvo.

Los judíos esperaban a un Mesías. ¿Qué significa mesías? Significa: Ungido, y dentro del pueblo judío existían tres: El sacerdote, el profeta y el rey. El pueblo de Israel ya tenía sacerdotes, por lo que, no necesariamente esperando a un sacerdote. ¿Sería, un profeta? Tampoco:

¡Jerusalén, Jerusalén!, la que mata a los profetas y apedrea a los que le son enviados. ¡Cuántas veces he querido reunir a tus hijos, como una gallina su nidada bajo las alas, y no habéis querido!

(Lucas 13, 34).

Tampoco era un profeta porque incluso el mismo Juan Bautista no fue bien recibido por el pueblo de Israel. ¿Qué esperaban? Ellos esperaban a un Rey. Y llegó Jesús, por eso escucharemos el grito: ¡Jesús, hijo de David! (lucas 18, 38).

Que significa, tú eres el heredero al trono del Rey David.

Cada vez que alguien le gritaba a Jesús, Hijo de David, le estaba diciendo: "Yo te reconozco como Rey". En estos momentos te invito a gritar conmigo, ¡Jesús, hijo de David!

Moisés Ríos Pérez
yahvehyire@hotmail.com

«¿Quién de vosotros tiene un siervo arando o pastoreando y, cuando regresa del campo, le dice: "Pasa al momento y ponte a la mesa?" No le dirá más bien: "¿Prepárame algo para cenar, y cíñete para servirme hasta que haya comido y bebido, y después comerás y beberás tú?"

¿Acaso tiene que agradecer al siervo porque hizo lo que le fue mandado? De igual modo vosotros, cuando hayáis hecho todo lo que os fue mandado, decid: Somos siervos inútiles; hemos hecho lo que debíamos hacer.»

(Lucas 17, 7-10).

Jesús es el Rey y nosotros somos sus siervos, que significa ser sus esclavos. Pero, ser "inútil", ¿significará que no servimos? ¿Significará que no tenemos valor? ¡NO! El término "inútil" lo que significa es: que no trabajamos a cambio de utilidades, a cambio de paga. Aquellos que trabajan sin esperar utilidades eran considerados como esclavos, ya que no tenían posesiones propias, las habían perdido y/o porque eran forasteros y no tenía el cómo pagar por comida y hospedaje.

Moisés Ríos Pérez
yahvehyire@hotmail.com

Como hemos visto, el siervo "el esclavo" trabajaba por los beneficios de comer y tener hospedaje, no trabajaban por la paga ($) de utilidades sino por el beneficio de comida y hospedaje. "Danos el pan de cada día y venga a nosotros tu reino". Nuestro beneficio será el pan de la Eucaristía y la vida eterna.

"Somos siervos inútiles; hemos hecho lo que debíamos hacer."

Pero ¿realmente estamos haciendo lo que debíamos hacer? Muchos tenemos en nuestras casas la imagen de Jesús, algunos de la Divina Misericordia, otros del Sagrado Corazón de Jesús y otros del Divino Niño. El tener imágenes no es pecado y eso lo pudimos ver en la lectura que compartí sobre Pablo.

Él predicó utilizando una imagen: el "Dios desconocido". Pero te pregunto, esa imagen que tienes en tu casa, ¿lo tienes en tu corazón? Es Jesús, ¿tú rey?

Muchas veces queremos llevarle a Jesús nuestros planes, no para que Él opine, no para que Él me dirija, sino para que Él

Moisés Ríos Pérez
yahvehyire@hotmail.com

lo firme, así como pasa con la reina de Inglaterra. El hermano José H. Pepe Prado nos comparte una anécdota:

En Inglaterra, por ejemplo, la reina Isabel II es un personaje muy importante: su imagen y su retrato la vemos por todas partes: está en los billetes y las monedas. La encontramos en las estampillas postales y en las oficinas de gobierno. En el sitio más importante del Parlamento inglés, está la imagen de la reina.

Tiene un palacio, ricas joyas y su carroza es tirada por doce caballos blancos. ¡Ella es la reina! Sin embargo, ella no es la que gobierna en Inglaterra. La autoridad suprema no es ella sino el Primer Ministro y el Parlamento. En el Parlamento está la fotografía de la reina, pero no es ella quien toma las decisiones importantes.

La reina es para los desfiles, las fiestas importantes y los aniversarios, pero no gobierna el país. Ella, ciertamente, firma los tratados y las leyes, pero los tratados y las leyes fueron elaborados por el Primer

Ministro y el Parlamento. A ella simplemente se los dan para que los firme. Libro: Id y evangelizar a los bautizados (Pág. 65-66).

Aceptar a Jesús como nuestro rey es aceptar su autoridad en nuestras vidas. ¿Estás dispuesto a aceptar a Jesús como tu Rey y Señor? Atrévete a entregar tu vida a Jesús. En un febrero de 1928, un niño de 14 años, José de Jesús Sánchez del Río murió mártir con el grito: "QUÉ VIVA CRISTO REY".

Muchas veces nos acobardamos ante un mundo que nos quiere acallar. Hoy más que nunca necesitamos católicos que no tengan miedo a gritar por las calles, ¡QUÉ VIVA CRISTO REY!

Moisés Ríos Pérez
yahvehyire@hotmail.com

Moisés Ríos Pérez
yahvehyire@hotmail.com

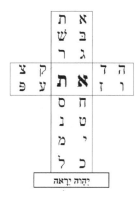

EL FIN, ¿DEL MUNDO?

Baruch Haba B'Shem Adonai

(בָּרוּךְ הַבָּא, בְּשֵׁם יְהֹוָה)

Bendito el que viene en el nombre del Señor.

¡Cristo viene! ¡El mundo se va a acabar! ¡Conviértete que Cristo viene! ¡Conviértete que el mundo se va a acabar! Todas estas son frases que escuchamos a diario. Frases para infundir miedo para que las personas se conviertan.

Usted no puede escuchar una emisora o algún programa de TV protestante sin escuchar estas frases. Incluso hasta en sus cánticos podemos escuchar frases como "la trompeta está por sonar" y otras frases alusivas a la venida de Cristo y/o el fin del mundo. Ahora la pregunta es; después de más de 2,000 años del Apocalipsis haber sido escrito, ¿Cuándo sucederá lo "escrito"? ¡Cuándo será! ¿Cuándo llegará el fin del mundo?

El libro del Apocalipsis nos da la contestación y de forma muy clara, comienza diciéndonos que lo que va a suceder, va a SUCEDER PRONTO:

1. Ap.1, 1ª, 3. "*1a Esta es la Revelación de Jesucristo. Dios se la dio para enseñar a sus servidores, lo que va a suceder pronto. / 3 Feliz el que lea estas palabras proféticas y felices quienes las escuchen y hagan caso de este mensaje, porque el tiempo está cerca.*"

a. Ap. 22, 6. 10. "*6 Después me dijo el ángel: «Estas palabras son ciertas y verdaderas. El Señor, que es Dios de los profetas y sus espíritus, ha enviado a su ángel para que muestre a sus servidores lo que ha de suceder pronto. /10 También me dijo: «No pongas en 'lenguaje cifrado' (palabras proféticas) los mensajes proféticos de este libro, porque el tiempo está cerca.).*"

Como podemos ver, la respuesta no se hace esperar ni tampoco se encuentra oculta, es el mismo autor del libro (Juan) quien indica que, Dios reveló el tiempo en que se cumplirían estos acontecimientos que Él anunció: "Suceder pronto", "el tiempo está cerca" y "mira que estoy la puerta".

Esta última frase es una de las frases del Apocalipsis más hermosas y más citada: "mira que estoy a la puerta y llamo". Muchos piensan que es una invitación, de parte de Jesús a que abramos nuestros corazones para que Él pueda entrar. Incluso hay hermosas pinturas e imágenes de Jesús tocando a una puerta; puerta que no tiene cerrojo. Pero sería interesante formularnos la siguiente pregunta: ¿cuál pudo haber sido la intención del autor? Recordemos, este libro está escrito en clave.

La palabra, **puerta** aparece alrededor de quince veces en este libro y cada uno tiene su propia símbolo. Cuando hace referencia a "puerta de ciudad" está hablando del Reino y en algunas ocasiones hace referencia al Santuario Celestial. Por lo que, para entender cuál fue la intención del autor cuando dice: Mira que estoy a la puerta, necesariamente tendremos que buscar el significado que él mismo le da a la palabra puerta por todo el libro.

Esto nos lleva a entender que, posiblemente la intención del autor no fue hablarnos del corazón; mira que toco las puertas de tu corazón. Ciertamente es una hermosa analogía, sin embargo, seguramente no fue su intención. Entonces, ¿qué significa? ¿Cuál fue su intención?

Para poder descubrir cuál pudo haber sido la intención del autor tendremos que caer en la cuenta de que, los primeros tres capítulos de Apocalipsis son la introducción al libro, también se le conoce como la parte exhortatoria. Como les compartí anteriormente: el libro está dividido en dos partes:

I. Apocalipsis cap. 1 – 3.

II. Apocalipsis cap. 4 – 22.

El que escribió la segunda parte (4 – 22) utilizó la primera parte como introducción. Eso significa, que, si en la segunda parte el autor habla de la **Parusía**, es porque se habla de ella en la primera parte (1 -3). ¿Qué es la Parusía? Dentro de la definición que nos da el diccionario de teología, Verdad y Vida de Giacomo Canobbio, dice: *«Estoy presente», significa; presencia, llegada venida.*

Creo que el dato más importante, para poder entender cuál pudo haber sido la intención del autor, está justo después de la cita: entraré en su casa y **cenaré** con él y él conmigo (Ap. 3,

Moisés Ríos Pérez
yahvehyire@hotmail.com

20b). Cuando el autor hace referencia a cena, ¿de qué cena estará hablando? ¿Desayuno, almuerzo o la comida de la tarde, que llamamos cena? Nuevamente, recordemos que la primera parte (1 – 3) es una introducción, por lo que, si en la segunda parte se habla de la "Cena del Cordero" y nos habla de la "Liturgia Celestial" no nos queda de otra que entender que; "entraré en su casa y cenaré con él y él conmigo" a lo que se refiere es que, Jesús va a celebrar la Santa Eucaristía, está haciendo referencia a la Liturgia Celestial.

Entonces; mira que estoy a la puerta y llamo, no significa, "Mira que estoy tocando las puertas de tu corazón". Esa no pudo haber sido la intención del autor, para mí la intención del autor, de la primera parte (1 – 3) del libro de apocalipsis, fue hablar de cómo iba ser la Parusía. Tenemos el vivo ejemplo con las visitas de parte de un Papa. Me acuerdo, de pequeño, en cómo San Juan Pablo II, Papa en aquella época, iba de país en país visitando a toda la iglesia. Hubo visitas de apenas unas horas. Sus visitas eran tan breves que, a veces ni daba tiempo para tener asambleas ni simposios. No obstante, él siempre encontraba el tiempo para oficiar la celebración de la Eucaristía, ¡siempre! Quizás no había

Moisés Ríos Pérez
yahvehyire@hotmail.com

tiempo para, "turistear" pero, siempre hubo el tiempo para la celebración Eucarística.

La llegada de Jesús, ¡será igual! Cuando él llegue, cenará con nosotros; en otras palabras, nos hará partícipes de la "**Liturgia Celestial**". Mira que estoy a la puerta y llamo es más profundo que, mira que toco a tu corazón, la intención del autor, en mi humilde opinión fue: "Mira que estoy cerca, mira que estoy por llegar y cuando llegue te haré partícipe de la "**Liturgia Celestial**". El autor nos está hablando de la **Parusía**.

Con esto no estoy diciendo que no se pueda utilizar esta lectura de forma **espiritual**. En otras palabras, no tiene nada de malo el interpretar esa frase de forma **espiritual**; "como que Jesús está tocando las puertas de tú corazón". No obstante, creo que su contexto es aún más profundo.

Para no entrar en errores de interpretación, tenemos que conocer cuál fue o, por lo menos, cuál pudo haber sido la intención del autor. La interpretación nunca debe ser, ¿qué pienso yo? Al menos que yo comparta mí interpretación haciendo la salvedad que esa no fue la intención del autor.

En Ap. 22, 10. nos dice: "No selles las palabras proféticas de este libro, porque el tiempo **está cerca**". ¿Por qué cree usted que el autor dice esto? Porque el tiempo era **aquella época** y no 2,000 años después.

Para poder entender mejor el Apocalipsis debemos tener en consideración que al momento de ser escrito este libro los cristianos están siendo perseguidos y martirizados en los coliseos romanos. Veamos algunas de las torturas con las que fueron martirizados los primeros cristianos:

1. Desgarrados por caballos.
2. Arrojados a los perros.
3. Devorado por leones.
4. Quemados vivos como antorchas, hasta la muerte.
5. A las mujeres les cortaban los senos.
6. Se les sacaba la piel.
7. Ataban anclas a los pies y los arrojaban al fondo del Mar.
8. A las mujeres las llevaban a prostíbulos y luego de haberlas utilizado las quemaban vivas.
9. Los flechaban hasta morir: El patrón de mi pueblo, San Sebastián Mártir, fue martirizado ¡Dos veces! La primera vez fue flechado y la segunda por lapidación. Aunque su martirio no fue para la fecha

del libro de Apocalipsis, sino años más tarde 303-305dc.

10. Puestos en una rueda que los descuartizaban.

11. Decapitados, "tradición sobre Santiago y Pablo".

12. Crucificados, "La tradición que Pedro fue crucificado al revés"

13. A punta de lanza, "Tradición sobre santo Tomás".

14. Colgados de un Árbol, "Tradición sobre San Lucas Evangelista".

15. Golpeados con palos y piedras.

Ahora amado hermano te quiero invitar a que, utilicemos el sano juicio y el sentido común. ¡Utilicemos el razonamiento! Realmente podemos creer que el Apocalipsis fue escrito en un momento como este, en que los cristianos están siendo asesinados, martirizados y perseguidos, para anunciar un mensaje profético, de destrucción para 2,000 años después. ¡Claro que no! No tendría ningún sentido. Imagínese estar en un calabozo al punto de ser martirizados y de momento se pone en pie una persona a dar una profecía de lo que ha de suceder dentro de 2,000 años. ¿Quién le haría caso?

Moisés Ríos Pérez
yahvehyire@hotmail.com

Realmente podemos creer que el Apocalipsis fue escrito en un momento como este, en que los cristianos están siendo asesinados, martirizados y perseguidos, PARA LLAMAR RAMERA Y BABILONIA A LA IGLESIA CATÓLICA Y LLAMAR ANTICRISTO, ¡AL PAPA! 2,000 años después. ¡CLARO QUE NO!

Entonces, ¿para cuándo? para qué fecha el Apocalipsis nos habla de acontecimientos "futuros" si no nos está hablando de 2,000 años después, ¿En qué tiempo nos estará hablando? Y la otra interrogante sería; ¿A quién le está hablando? Es muy importante comenzar a entender estos dos puntos: Cuándo y a quiénes.

¿CUÁNDO?

Cuando el autor nos habla de "pronto" él NO nos está hablando a nosotros 2,000 años después; él está hablándole a las personas de la misma época en la cual él se encontraba escribiendo (54 - 96dc). Entendamos el panorama: Los primeros cristianos se encontraban muy asustados, llegó el momento en que hasta se denunciaban entre ellos mismos. Incluso hay estudiosos que creen que, a San Pablo, quienes lo entregaron al gobierno romano fueron los mismos cristianos asustados.

Moisés Ríos Pérez
yahvehyire@hotmail.com

Es difícil digerir esto, que los mismos cristianos hayan entregado a San Pablo, incluso algunos los llamarán, un falso hermano. Este dato concuerda con la carta de Pliny el Joven a Tácito:

Otros, nombrados por un delator, declararon que eran cristianos y poco después lo negaron; dijeron que lo habían sido ciertamente, pero que habían dejado de serlo, algunos hacía ya tres años, otros ya muchos años antes, alguno incluso veinte. Asimismo, todos ellos adoraron una imagen tuya y las figuras de los dioses y, además, blasfemaron contra Cristo.

También queda como testimonio, sobre este particular, la carta de Clemente de Roma, Esta carta es considerada el testimonio más antiguo sobre la muerte de San Pablo. Él manifiesta que entregaron a San Pablo: "debido a la envidia y las rivalidades". Indicando que, quienes lo entregaron fueron los propios del, por no estar de acuerdo con él.

Mientras que hubo cristianos que negaron su fe y hasta "blasfemaron contra Cristo" y quienes por no estar de acuerdo con San Pablo lo entregaron. San Pablo murió por su fe en Cristo. Él habrá perdido su vida, pero ganó a Cristo:

"Y más aún: juzgo que todo es pérdida ante la sublimidad del conocimiento de Cristo Jesús, mi Señor, por quien perdí todas las cosas, y las tengo por basura para ganar a Cristo, y ser hallado en él, no con la justicia mía, la que viene de la Ley, sino la que viene por la fe de Cristo, la justicia que viene de Dios, apoyada en la fe, y conocerle a él, el poder de su resurrección y la comunión en sus padecimientos hasta hacerme semejante a él en su muerte, tratando de llegar a la resurrección de entre los muertos.

(Filipenses 3, 8 – 11)

Este pasado dato, lo comparte el biblista Ariel Álvarez Valdés licenciado en Teología Bíblica por la Facultad Bíblica Franciscana de Jerusalén (Israel) y quien también es doctor en Teología Bíblica por la Universidad Pontificia de Salamanca España.

Debido a todas las persecuciones, muchos cristianos abandonaban su fe cristiana, unos por miedo a morir y otros con miedo a que sus seres queridos perdieran sus vidas. Por lo tanto y ante este panorama, el Apocalipsis llega como un grito de resistencia y de lucha. Es un grito de AMOR Y ESPERANZA. Es un grito, a no rendirse, es un grito, a no tener MIEDO. ¡No se rindan! Todo aquello por lo que están pasando hoy, esta opresión que roma está ejerciendo sobre nosotros será temporero, pero la corana de vida será, ¡ETERNA!

Como vamos viendo, en este aspecto el apocalipsis no está profetizando para 2,000 años después. Concibamos los siguientes puntos:

Primero; No se puede estar interpretando los signos y símbolos del apocalipsis, de forma literal. Estos signos y símbolos tienen que ser interpretados de acuerdo con el momento histórico, por eso no están dirigidos para 2,000 años después, hacia ninguna institución religiosa en específica, como la "iglesia católica" y mucho menos a una persona, como el "Papa".

Segundo; Este libro nos habla del presente, pero a la vez también nos habla del futuro. Nos habla del presente, históricamente, cuando describe a los opresores del pueblo de Dios. Por eso los describe con figuras tales como; Dragón y ramera, bestia y 666. Estas figuras describen el régimen político opresor del momento, los romanos.

Pero a la vez hay otros símbolos que nos habla de futuro, utilizando imágenes como; Liturgia Celestial, Cena del Cordero, los 24ancianos. La eternidad de Dios es un futuro para nosotros, porque el tiempo de Dios y el nuestro no se mide de igual manera.

El libro del Apocalipsis es un libro altamente escatológico, nos habla de la Parusía. Este punto, (Escatológico) último convierte al libro en uno profético y siempre actual, ¡de hoy! No importando en la época que nos encontremos viviendo. Pues más que un mensaje "del" futuro, es un mensaje "DE" futuro, en otras palabras, nos habla de un mensaje Eterno.

Nosotros vivimos una actualidad cronológica, nuestra materia humana nos tiene atrapados en tiempo y espacio. Sin embargo, Dios no vive atado a la cronología, Él vive en la Eternidad, en Él no hay tiempo.

En otras palabras, lo que para nosotros significa futuro, para Dios es un eterno presente. Todo lo que vaya a acontecer escatológicamente, para nosotros los seres humanos (que nos encontramos atada al tiempo y espacio) será en el futuro, pero para Dios (quien es Eterno) es un eterno presente. Por eso el autor de este libro, anuncia el mensaje como uno profético (Ap. 1, 3). El autor está hablando de una realidad eterna que llegará a nosotros en el futuro. Pero eso no significa que él está adivinando el futuro, él está hablando del eterno presente, ¡Cristo volverá!

"El Espíritu y la Novia dicen: «¡Ven!» Y el que oiga, diga: «¡Ven!» Y el que tenga sed, que se acerque, y el que quiera, reciba gratis agua de vida. (Ap. 22, 17)."

Como podemos ver, el cuándo es en presente y futuro. No podemos descartar la lectura de este hermoso libro "Apocalipsis" pensando que ya no tiene actualidad. ¡Claro que tiene actualidad! y lo debemos leer, pero sin miedo ni prejuicios. Si interpretamos erróneamente los signos y símbolos, nunca entenderemos la profundidad que en ellos hay.

¿A QUIÉNES?

Dirían en mi barrio: "¡Se cae de la mata!" El libro del Apocalipsis va dirigido a la iglesia, a la iglesia del momento, los primeros cristianos y a la iglesia de siempre, nosotros hoy en día. Como compartimos anteriormente; qué lógica tiene escribir un libro, en época de persecución, ¡con un mensaje para personas 2,000 años después! No tiene ninguna lógica. Y es que solo ellos podían entender su contenido, porque el libro fue escrito como en clave, esto cuando hace referencia a aquellos que los estaban oprimiendo, los romanos.

Por eso no nos podemos cerrar a la posibilidad de ver y/o encontrar en este libro, el hermoso mensaje de parte de Dios hacia nosotros, hoy en día. La palabra de Dios siempre es nueva y fresca, por lo que siempre encontraremos un mensaje de Dios actual para nuestras vidas, no importando en qué época se haya escrito y sin importar en qué época vivamos.

Pero, a pesar de eso es importante diferenciar lo que es un mensaje espiritual, mensaje que no se debe interpretar de forma literal. Esto es por mencionar uno, hay varios. También debemos tener en consideración, cuál fue el propósito del mensaje al momento de ser escrito, en otras palabras, cuál fue o, pudo haber sido la intención del autor.

Moisés Ríos Pérez
yahvehyire@hotmail.com

REPASEMOS:

Primero; el autor le habla a los de su tiempo cuando profetiza la destrucción de aquellos que persiguen a la iglesia. Los está alentando a no rendirse. Recordemos, el profeta no adivina, él anuncia y denuncia. El autor de Apocalipsis está denunciando a las autoridades que los persiguen y, en clave, los identifica como 666, bestia, anticristo, ramera, la gran babilonia. Estos términos no están hablando de una iglesia o religión o del Papa 2,000 años después. Está denunciando a un régimen militar y gubernamental abusivo.

Segundo; nos habla de futuro cuando nos habla escatológicamente, cuando hace referencia a la Parusía. De las puertas del santuario, de la Cena del Cordero, de la Liturgia Celestial. Aquí sí está hablando en futuro, futuro para nosotros que estamos atados al tiempo y espacio, pero para Dios no hay principio ni fin, Él es eterno.

Moisés Ríos Pérez
yahvehyire@hotmail.com

SIGNOS Y SÍMBOLOS

Les quiero compartir un ejemplo: le escribí una carta a un puertorriqueño amigo mío, que en la actualidad vive en New York. En mi carta le hablo sobre un período de política puertorriqueña.

Saludos, ¡Boricua!

Terminó de reinar Cuchin, luego de haber estado ocho años en el trono. La hija del fundador del PPD intentó subir al trono de su padre, pero el llamado mesías, del PNP, le ganó por pela. El llamado mesías estuvo ocho años reinando junto con el caballo blanco, luego el llamado mesías se fue cruzando los mares a vivir a tierras lejanas.

Moisés Ríos Pérez
yahvehyire@hotmail.com

En su lugar, por el PNP corrió el mongo contra la linda del PPD; la linda ganó por un pelo. Con la linda ganó el alacrán, el que más tarde llegaría al trono, con poderes compartidos...

Luego del reinado del alacrán, regresó el llamado mesías, pero el mongo también quiso reinar en el trono por lo que se enfrascaron en una dura batalla para ser el primero del PNP. El mongo tenía un soldado de guerra, ese era el tiburón blanco, el que más tarde sería el presidente del senado...

Si esta carta cayera en manos de personas que no sean puertorriqueños y que no hayan vivido en Puerto Rico para los años 1985 - 2012 se les hará imposible entender lo que mi carta dice. Pues está escrita en clave, solo lo entenderá un puertorriqueño y que sepa, o por lo menos esté al tanto, de la política puertorriqueña de estos años.

Una persona que no sepa nada de la cultura política de Puerto Rico pensará que estamos locos: ¡Caballo blanco, Alacrán, Tiburón blanco y la linda, entre otros! ¡Esta gente tienen que estar locos!

Moisés Ríos Pérez
yahvehyire@hotmail.com

En estos momentos te invito a ver la interpretación de la carta que le escribí a mí amigo:

Saludos **Boricua** (se le considera boricua a una persona de descendencia puertorriqueña, viene de la palabra Borinquén).

Terminó de reinar **Cuchin** (Apodo del Hon. Rafael Hernández Colón, ex gobernador de Puerto Rico), luego de haber estado ocho años en **el trono** (la gobernación de Puerto Rico). La **hija** (Victoria Melo Muñoz) del fundador (Hon. Luis Muñoz Marín) del **PPD** (Partido Popular Democrático) intentó subir al trono de su padre, pero el **mesías** (Hon. Pedro Rosselló González) del **PNP** (Partido Nuevo Progresista) le ganó.

El llamado mesías estuvo ocho años reinando junto al **caballo blanco** (Hon. Carlos Romero Barceló quien llegó a ser comisionado residente en Washington), luego el llamado mesías se fue **cruzando los mares** a vivir a **tierras lejanas** (Se mudó a los Estados Unidos, a dar clases en Virginia).

Moisés Ríos Pérez
yahvehyire@hotmail.com

En su lugar, por el PNP, corrió el llamado mongo (Carlos Pesquera) contra la linda (Hon. Sila María Calderón) del PPD, ganó por un pelo. Con la linda ganó el alacrán (Hon. Aníbal Acevedo Vilá, quien fue gobernador después de Sila), el que más tarde llegaría al trono, con poderes compartidos (aunque Aníbal Acevedo del PPD ganó la gobernación, perdió Cámara y Senado que eran del PNP) …

Luego del reinado del alacrán, regresó el mesías, pero el mongo también quiso reinar en el trono por lo que se enfrascaron en una dura batalla para ser el primero del PNP. El mongo tenía un soldado de guerra, ese era el tiburón blanco (Thomas Rivera Schatz), el que más tarde sería el presidente del senado…

Como vemos, si este mensaje cayera en manos de una persona ajena a la cultura y política puertorriqueña él nunca entendería de quienes se está hablando. Peor aún, si algún americano intentara traducir la carta de español a inglés la carta, ¿diría lo mismo que en español? Estoy seguro de que no, sin embargo, al caer en manos de un puertorriqueño él sí lo puede entender.

Ahora, teniendo esto presente y para ir entendiendo mejor el Apocalipsis, analicemos los signos y símbolos del primer capítulo:

1. "El tiempo está cerca": Significa, el Reino de Dios está donde está Jesús. Decía Jesús: "El Reino de Dios está dentro de ustedes". (Lucas. 17-21). En otras palabras, al aceptar a Jesús en nuestras vidas estamos aceptando el reino de Dios, al ser bautizados y recibir el Espíritu Santo tenemos, dentro de nosotros, el reino de Dios. Porque tenemos al Dios Trino y Uno.

2. "Aquel que es, que era y será": Se entiende de dos maneras

   a. Jesucristo es el mismo ayer, hoy y siempre.

   b. La santísima Trinidad: Padre, Hijo y Espíritu Santo.

3. "Los siete espíritus": simbolizan al Espíritu Santo en todo su esplendor por medio de sus siete dones. Esto

Moisés Ríos Pérez
yahvehyire@hotmail.com

se ve muy palpable en la imagen del candelabro de siete velas.

4. "Fiel testigo": Hace referencia a Jesús, el único que conoce al Padre celestial en persona.

5. "Primogénito entre los muertos": Hace referencia a la Muerte y resurrección de Jesús.

6. "Príncipe de los Reyes de la tierra": Jesucristo Rey de Reyes y Señor de señores.

7. "Alfa y Omega": Primera y última letra del Alfabeto griego. Aquí hace referencia a dos puntos importantes: primero sobre la eternidad de Jesús; segundo, sobre su divinidad. San Ignacio de Antioquía fue un fiel defensor de Jesús, verdadero hombre y verdadero Dios, luchando en contra de la herejía docetista y ebionitas. Los docetista negaban la humanidad de Jesús mientras que los ebonista negaban su divinidad. Dice la palabra de Dios: "Así habla Yahveh Sebaot (Dios de los ejércitos): Yo soy el primero y el último, fuera de mí no hay ningún dios." (Isaías. 44,6). Es importante entender que tanto el Apocalipsis como el Nuevo Testamento fueron escritos con mentalidad hebrea, por personas de

dialecto arameo y escritura griega. Pero ¿si tanto Jesús como sus discípulos eran de tradición hebrea, en dónde queda el Abecedario (alefato) hebreo: ר ש ת

א ב ג ד ה ו ז ח ט י כ ל מ נ ס ע פ צ ק

Quiero profundizar un poco más sobre este punto de "Alfa y Omega". Al estudiar hebreo uno se encuentra con unos detalles hermosos que se pueden perder en la traducción del hebreo a otro idioma.

Por ejemplo, la palabra Alfa y Omega, esta palabra o, mejor dicho, estas dos letras no son hebreo sino en griego. En griego estas dos letras no tienen un mayor significado que, "El primero y último, el principio y fin". Pues en sí, las letras griegas, a diferencia de las hebreas, no tienen ningún símbolo.

En cambio, las letras hebreas, como ya explicamos anteriormente, sí tienen un significado y unos simbolismos.

Recordemos que el griego fue el idioma que tuvieron que utilizar los autores del Nuevo Testamento para transmitir un mensaje que provenía de un pensamiento hebreo De acuerdo con el P. Félix Struik, en su libro; Apocalipsis, comentarios para la calle, (Pág.71) nos dice:

Moisés Ríos Pérez
yahvehyire@hotmail.com

"El autor escribe el griego con dificultad y hasta con errores gramaticales."

Para la poca en la cual se escribió el Apocalipsis, el hebreo no era un idioma de conversación, pues el idioma de conversación era el arameo. Pero, aunque ellos hablaban arameo y escribían en griego su pensamiento y cultura era hebrea. Por lo que, para entender la intención del autor al describir a Jesús como el Alfa y Omega, lo tenemos que analizar desde una mentalidad hebrea. Decir que Jesús es el Alfa y Omega es decir que Jesús tiene principio y tiene fin, sin embargo, Jesús es Dios, por ende, Él es ETERNO.

Esto significa que el autor al utilizar las letras del alfabeto griego "posiblemente" en realidad estaba pensando en las letras del alefato hebreo Alef (א) y Tav (ת). Estas dos letras hebreas sí tienen un significado más profundo que solo decir que Jesús es el primero y último, el principio y fin. En otras palabras, la intención del autor "posiblemente" no fue presentarnos a Jesús como la primera y última letra del alfabeto griego, su intención fue otra y aún más profunda.

A continuación, veamos cuál "posiblemente" pudo haber sido la intención del autor, de acuerdo con el simbolismo de las letras hebreas.

Comencemos con el Alef: Cuando buscamos el simbolismo de la letra Alef (א) podemos encontrar primero, que simboliza el número uno y a la vez simboliza el número mil. En el caso del "uno" no hay mucho que abundar, uno significa único o el primero; pero en el caso de "Mil", no es la cantidad mil, sino más bien significa "indefinido". Por ejemplo: Te lo dije, ¡mil veces! Lo que representa que, "te lo dije" una cantidad indefinida de veces. Por lo tanto, mil, al significar indefinido, también significa "Eterno".

También Alef (א), en su dibujo pictográfico tiene unos simbolismos. Cuando nos encontramos con esta letra, no en su forma moderna leíble, sino más bien en su estado de dibujo, representa una figura con unos significados. La letra tiene la figura de un búfalo, toro o buey y esta figura simboliza la **cabeza**, como la cabeza del hogar o el que manda. También significa, **poder** y/o **poderoso**, el líder, "el primero o, aquel que va al frente; aquel que es la autoridad".

Moisés Ríos Pérez
yahvehyire@hotmail.com

De igual forma la letra Tav (ת) también tiene su simbolismo y significado. En cuanto a número no tiene un simbolismo tan marcado como el Alef (א). El valor numérico de la letra Tav (ת) es cuatrocientos. En cambio, su simbolismo pictográfico encierra un significad poderoso para los primeros cristianos: la señal, la marca o el sello, también significa alianza.

En los estudios del Talmud, los judíos también ven la palabra "verdad" como uno de los símbolos de esta letra. Ahora, ¿Cuál cree usted que es el dibujo pictográfico que representa esta letra? El dibujo pictográfico lo es el símbolo de la ¡CRUZ!

Ahora, teniendo toda esta información veamos cuál pudo haber sido la intención del autor al comparar o describir a Jesús como el Alfa y Omega. Comencemos por decir que la propósito del autor no fue comparar a Jesús con unas letras griegas, Alfa y Omega no contienen un significado más que decir que Jesús es el primero y último. Pero, nuevamente le compartimos, Jesús es Dios y Él no tiene ni principio ni fin, Él es Eterno.

El autor tuvo como intención el "describir" a Jesús utilizando las letras hebreas Alef (א) y Tav (ת). Jesús es el Alef

(א) y Tav (ת): Porque Él es el Primero y la vez Eterno, Él es la Cabeza de la iglesia y el Poderoso, Él es el que va de frente, ¡por eso no debemos tener miedo! Porque Él va de frente.

Name	Pictograph	Meaning	Name	Pictograph	Meaning
Aleph		Ox / strength / leader	Lamed		Staff / goad / control / "toward"
Bet		House / "in"	Mem		Water / chaos
Gimmel		Foot / camel / pride	Nun		Seed / fish / activity / life
Dalet		Tent door / pathway	Samekh		Hand on staff / support / prop
Hey		Lo! Behold! "The"	Ayin		Eye / to see / experience
Vav		Nail / peg / add / "And"	Pey		Mouth / word / speak
Zayin		Plow / weapon / cut off	Tsade		Man on side / desire / need
Chet		Tent wall / fence / separation	Qof		Sun on horizon / behind
Tet		Basket / snake / surround	Resh		Head / person / first
Yod		Arm and hand / work / deed	Shin		Eat / consume / destroy
Kaf		Palm of hand / to open	Tav		Mark / sign / covenant

www.hebrew4christians.com

Él es el Tav (ת) esto significa que, Él es la Señal de la nueva Alianza y quien nos Selló con su sangre, Él es el Camino la Verdad y la Vida. Aquel que dio su vida en una cruz. Jesús no tiene principio ni fin: "*y la palabra se hizo carne y habitó entre nosotros (Juan 114b).*"

Como podemos ver, si no estudiamos el hebreo, difícilmente podremos descubrir cuál "posiblemente" pudo haber sido la intención del autor. Finalizo este punto con lo siguiente: Jesús no es el Alfa y Omega, Jesús es el Alef (א) y Tav (ת).

8. "Ojos como llamas de fuego": Fuerza penetrante de su vista y conocimiento de todo lo que pasa aún en el corazón más escondido. El mismo Jesús una vez dijo que los ojos eran las puertas del alma.

9. "Pies como el metal acrisolado": Significa su estabilidad inconmovible. Nadie lo puede ni tumbar ni derrocarlo.

10. "En la boca tiene una espada de doble filos": La palabra profética y justa que Él pronuncia, es el juicio para cada ser humano. "La espada de Dios es como espada de doble filo". (Efesios 6, 17)

11. "Yo tengo las llaves de la muerte y del hades" (Ap. 1, 18). Jesús venció la muerte y tiene poder sobre la ella. Esto antes era un poder exclusivo de Dios Padre, ahora el Hijo comparte este poder; Dios le da este poder. ¿Qué significa? Que Jesús es tan Dios como el Padre, gozan de una misma divinidad. Jesús no está fuera del Padre, ¡son uno, junto al Espíritu Santo! *"Ved ahora que yo, sólo yo soy, y que no hay otro Dios junto a mí. (Deuteronomio. 32,39)."* "Antes de Abraham, Yo Soy (Juan 8, 58)."

12. "Siete estrellas y siete candelabros en las manos de él". Las estrellas representan a sus obispos y/o dirigentes esto nos quiere decir que, es Jesús mismo quien siempre cuida, vela y dirige a los dirigentes de su iglesia. Él nunca abandona a su iglesia, aunque

esta se encuentre pasando por dificultades y tribulaciones. Cada vez que un Papa termina y se está por elegir a uno nuevo comienzan a salir especulaciones de que el que viene es el anticristo. Es triste porque los que más se atreven a aseverar esto son los mismos católicos. El Apocalipsis nos afirma que los dirigentes de su iglesia están en sus manos. Dios es el que pone y Dios es el que quita. Mi párroco es mi párroco, porque Dios los puso ahí. En nuestros movimientos, los presidentes y coordinadores están ahí porque Dios los puso ahí.

13. Su voz como ruidos de muchas aguas: La fuerza imponente y dominante de sus veredictos. Nadie lo puede acallar, anular o impugnar. Jesús es el juez supremo.

14. Cuernos: Poder

15. Romper los sellos: Interpretar.

16. Cordero degollado y de pies: Jesús es el cordero, degollado. De pie significa muerto y resucitado.

¿EL RAPTO?

De acuerdo con la teología protestante, irán dos en un carro, uno será llevado "literalmente succionado de las nubes", y el otro se quedará. ¡Ojalá y el que sea llevado no sea el chofer! Irán algunos en un avión, unos serán llevados "succionados como por una aspiradora" y otros quedarán. ¡Ojalá y no sean los pilotos! A esto, nuestros hermanos separados le llaman "El Rapto".

¿Será palabra de Dios o una exageración? En el evangelio según San Lucas y San Mateo, encontramos algo muy parecido:

Yo os lo digo: aquella noche estarán dos en un mismo lecho: uno será tomado y el otro dejado; habrá dos mujeres moliendo juntas: una será tomada y la otra dejada.»

(Lucas 17, 34).

Entonces, estarán dos en el campo: uno es tomado, el otro dejado; dos mujeres moliendo en el molino: una es tomada, la otra dejada. «Velad, pues, porque no sabéis qué día vendrá vuestro Señor.

(Mateo 25, 40 -42).

De acuerdo con las pasadas lecturas, podríamos concluir que la interpretación del rapto, de nuestros hermanos separados, ¿es palabra de Dios? Está la teología protestante del rapto, ¿está en lo correcto? O quizás nuestros hermanos han mal interpretado estas lecturas. Tendrán estas lecturas una interpretación distinta a uno, ¿interpretación literal? A continuación, te invito a analizar estas lecturas fuera del "literalismo".

Comencemos entendiendo que en el cielo no hay una aspiradora "vacuum cleaner" esperando el momento "indicado", "el toque de una trompeta" para comenzar a "succionar de las nubes" a las personas. Segundo; el autor del evangelio según san Lucas, al escribir su narración, tuvo como fuente a los evangelios según Marcos y Mateo, por lo que no nos debe extrañar que Lucas y Mateo utilicen términos similares a Marcos: "una será tomada y la otra dejada (Mateo)", "una es tomada, la otra dejada (Lucas)".

Tercero; una interpretación literal es una interpretación desacertada. Les propongo la siguiente escena: Antes de haber tenido un encuentro con Cristo, ¿qué lugares usted frecuentaba? ¿Una barra, un pub o el punto de droga? Esa fue su vida antes de Cristo; en otras palabras, los viernes por las noches, antes de que se entregara a Cristo, usted se pasaba bebiendo con sus amigos en un Pub o endrogándose en los puntos. Pero ahora, después de su encuentro personal con Cristo, Él te raptó. Estarán dos "bebiendo" otro será tomado y otro dejado. Usted fue raptado por Dios, no succionado.

Amado hermano la teología del rapto es una interpretación errónea basada en una interpretación literal de un texto bíblico. De igual manera sucede con el fin del mundo. Sabe usted, ¿cuándo será el fin del mundo? El fin del mundo será el día en que usted, escuche Su palabra y le entregue su vida a Cristo. Ese día usted ha dejado de ser del mundo, ese día fue el fin del mundo para usted, ese día usted comenzó a vivir el reino de Dios. Fuiste "raptado" por Dios.

En verdad, en verdad os digo: el que escucha mi Palabra y cree en el que me ha enviado, tiene vida eterna y no incurre en juicio, sino que ha pasado de la muerte a la vida. En verdad, en verdad os digo: llega la hora (ya estamos en ella), en que los muertos oirán la voz del Hijo de Dios, y los que la oigan vivirán.

Moisés Ríos Pérez
yahvehyire@hotmail.com

Porque, como el Padre tiene vida en sí mismo, así también le ha dado al Hijo tener vida en sí mismo, y le ha dado poder para juzgar, porque es Hijo del hombre. No os extrañéis de esto: llega la hora en que todos los que estén en los sepulcros oirán su voz y saldrán los que hayan hecho el bien para una resurrección de vida, y los que hayan hecho el mal, para una resurrección de juicio.

(Juan 5, 24-29).

Como podemos ver en el evangelio según san Juan, si resucitamos en Cristo es porque hemos muerto al mundo. Otro fin del mundo será el día en que fallezcamos.

Moisés Ríos Pérez
yahvehyire@hotmail.com

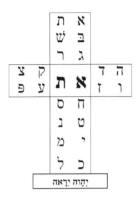

EL ANTICRISTO

(LA BESTIA / 666)

El anticristo: ¿Cuál es el número del anticristo? ¿En qué libro de la Biblia se habla del anticristo? ¿En qué parte del Apocalipsis aparece el anticristo? Es interesante cómo los dos personajes más temidos y de los que más se habla y hasta películas de horror se han hecho y escrito son el anticristo y el 666 "La bestia".

Incluso muchos los han puesto como una sola cosa. Pero la realidad es que la palabra anticristo nunca aparece en el libro de Apocalipsis. Le invito a leer el libro de Apocalipsis, ¡completo! Y le aseguro que nunca encontrará, ni una sola vez al anticristo mencionado, ¡ni una sola vez!

Moisés Ríos Pérez
yahvehyire@hotmail.com

¿Cómo nace y quién es el anticristo? El anticristo "griego" o el anti-mesías "hebreo" fue una tradición hebreo que nació del pensamiento de este pueblo por las persecuciones sufridas. En otras palabras, a lo que se refiere es que cada héroe tiene su villano.

Es interesante ver que el primer nombre que se le da a este personaje no es anticristo sino Gog (Ez. 38, 1-23). También aparece este personaje en el libro de Daniel, como un pequeño cuerno, que blasfema contra Dios, oprime a su pueblo y prohíbe el culto a Dios. (7,8-26). Con el nombre de anticristo solo aparece en las cartas de San Juan.

> "Hijos míos, es la última hora. Habéis oído que iba a venir un Anticristo; pues bien, MUCHOS anticristos han aparecido, por lo cual nos damos cuenta de que es ya la última hora" (I Juan 2, 18).

Osea:

1. El concepto de anticristo era algo de lo que se hablaba mucho en aquella época.

2. El anticristo no era una solo persona sino varios y en esos momentos, ya habían tenido varios.

3. La palabra anticristo, antes de Jesús, hacía referencia a personas antagonistas y/o enemigos del rey del momento. Ya que la palabra Cristo en griego y mesías en hebreo significaba ungido y el rey era un ungido.

Luego de esta aclaración de Juan, la pregunta sería: Y ¿Cómo los identificamos? Cómo saber quién es o, ¿quiénes han sido un anticristo? El mismo Juan nos lo aclara:

1. En I Juan. 2, 22: *"¿Quién es el mentiroso sino el que niega que Jesús es el Cristo? Ese es el Anticristo, el que niega al Padre y al Hijo. Todo el que niega al Hijo tampoco posee al Padre. Quien confiesa al Hijo posee también al Padre".*

2. También podemos ver que en I Juan. 4, 3 nos dice: *"y todo espíritu que no confiesa a Jesús, no es de Dios; ese es el del Anticristo. El cual habéis oído que iba a venir; pues bien, ya está en el mundo".*

3. En II Juan. 1, 7: 7 Muchos seductores han salido al mundo, que no confiesan que Jesucristo ha venido en carne. Ese es el Seductor y el Anticristo.

Moisés Ríos Pérez
yahvehyire@hotmail.com

Con sus cartas, Juan lo que hace es anunciar que el anticristo no es una persona que vendrá en el fin del mundo a destruirnos. No está haciendo una profecía para 2,000.00 años después. Juan, por medio de sus cartas, denuncia que todo aquel que **niega** a Jesús, es un anticristo, que todo aquel que no crea que Jesús es **verdadero hombre** y **verdadero Dios** es un anticristo. Por eso la iglesia clama:

"Señor mío, Jesucristo, Dios y Hombre verdadero, Creador, Padre y Redentor mío, por ser Vos quién sois y porque os amo sobre todas las cosas, me pesa de todo corazón haberos ofendido; propongo firmemente nunca más pecar, apartarme de todas las ocasiones de ofenderos, confesarme y, cumplir la penitencia que me fuera impuesta.

Ofrezco, Señor, mi vida, obras y trabajos, en satisfacción de todos mis pecados, y, así como lo suplico, así confío en vuestra bondad y misericordia infinita, que los perdonareis, por los méritos de vuestra preciosísima sangre, pasión y muerte, y me daréis gracia para enmendarme, y perseverar en vuestro santo amor y servicio, hasta el fin de mi vida.

Amén".

Como podemos ver, ya para la época de Juan existían anticristos. Y al igual que hoy en día, parece ser que en aquella época también había personas fantasiosas que buscaban asustar al pueblo con teorías apocalípticas.

Hoy en día podemos escuchar a personas hablar del anticristo utilizando el Apocalipsis, pero como hemos visto, la palabra anticristo ni siquiera aparece en Apocalipsis, solo en las cartas de Juan. De hecho, la palabra anticristo no aparece en ningún otro libro de la Biblia.

No obstante, los teólogos sostienen que San Pablo, aunque no con el nombre de "anticristo", en una de sus cartas él sí hace referencia a este personaje:

Que nadie os engañe de ninguna manera. Primero tiene que venir la apostasía y manifestarse el Hombre impío, el Hijo de perdición, el Adversario que se eleva sobre todo lo que lleva el nombre de Dios o es objeto de culto, hasta el extremo de

Moisés Ríos Pérez
yahvehyire@hotmail.com

sentarse él mismo en el Santuario de Dios y proclamar que él mismo es Dios.

¿No os acordáis de que ya os dije esto cuando estuve entre vosotros? Vosotros sabéis qué es lo que ahora le retiene, para que se manifieste en su momento oportuno. Porque el ministerio de la impiedad ya está actuando. Tan sólo con que sea quitado de en medio el que ahora le retiene, entonces se manifestará el Impío, a quien el Señor destruirá con el soplo de su boca, y aniquilará con la Manifestación de su Venida.

La venida del Impío estará señalada por el influjo de Satanás, con toda clase de milagros, señales, prodigios engañosos, y todo tipo de maldades que seducirán a los que se han de condenar por no haber aceptado el amor de la verdad que les hubiera salvado.

Por eso Dios les envía un poder seductor que les hace creer en la mentira, para que sean condenados

*todos cuantos no creyeron en la verdad y prefirieron
la iniquidad.*

*Nosotros, en cambio, debemos dar gracias en todo
tiempo a Dios por vosotros, hermanos, amados del
Señor, porque Dios os ha escogido desde el principio
para la salvación mediante la acción santificadora
del Espíritu y la fe en la verdad. Para esto os ha
llamado por medio de nuestro Evangelio, para que
consigáis la gloria de nuestro Señor Jesucristo.*

(II Tesalonicenses 2, 3-8).

Como vemos, aunque San Pablo se refiere a él "anticristo"
no lo menciona como anticristo. Entonces pregunto: ¿Por
qué, nuestros hermanos separados predican más sobre el
anticristo que de Cristo? Es lo mismo con el demonio, a
veces puedes escuchar sus mensajes y mencionan más al
demonio y diablo que al mismo Jesús.

666

Me acuerdo un día estando en noveno grado, en la escuela
Ernestina Méndez Echeandía, en San Sebastián, PR. Mi
maestro de historia nos recibió con algo escrito en la pizarra.

Moisés Ríos Pérez
yahvehyire@hotmail.com

Él usaba un micrófono conectado a una pequeña bocina. Nunca entendí el por qué lo utilizaba pues él tenía una voz muy potente.

Miren bien esa pizarra, nos dijo el maestro. Luego se quedó en silencio por un tiempo bastante prolongado mientras nosotros mirábamos fijamente la pizarra sin siquiera saber lo que estábamos leyendo.

(VICARIUS FILII DEI)

V 5	F	D 500
I 1	I 1	E
C 100	L 50	I 1	666
A	I 1	El Papa es
R	I 1	la Bestia
I 1		
U 5		
S		

Moisés Ríos Pérez
yahvehyire@hotmail.com

Luego de varios minutos de suspenso, él comenzó a explicarnos qué era aquello que estaba escrito en la pizarra. Él nos dijo: "Eso que está ahí escrito es lo mismo que se encuentra escrito en la mitra del Papa. Y ¿Por qué en la mitra? Porque el Apocalipsis refiere que; "en su cabeza tenía títulos blasfemos, ofensivo o injuriosos en contra de Dios" (Ap. 13,1).

Así que, por ende, de acuerdo con mi maestro de historia, el Papa era la Bestia y la iglesia católica era la ramera y él retaba a cualquiera a demostrar lo contrario. Así que él dejaría por una semana, allí en la pizarra, esa cifra para que cualquiera que quisiera y se atreviera, lo refutara. Adivinen quién fue el único que se atrevió a refutarle. ¡Correcto! Yo, Moisés Ríos Pérez, el nene de Chefa y Papo.

Lo primero que hice fue leerme Ap. 13, 18. Y luego busqué instruirme en la sana doctrina de mi fe católica. Dentro de mi pequeña colección de libros encontré uno, muy pequeño que explicaba el significado de aquella cifra.

Moisés Ríos Pérez
yahvehyire@hotmail.com

El maestro lo había escrito el lunes y el viernes a mitad de clase me armé de valor: "Mr. Yo quiero aclarar sobre los errores que tiene esa cifra".

Él se quedó mudo, nadie, en los años que él llevaba como maestro de historia y que había utilizado esa cifra, nunca le había refutado. Cuando por fin reaccionó me dijo, por el micrófono: "Primo, tú tienes algo qué decir de eso". Sí Mr. Si me lo permite. "Adelante", me dijo.

Les tengo que confesar que pasé al frente temblando por dentro, pero respiré profundo y comencé:

Dice la palabra del Señor:

> Uno solo es el legislador y juez, que puede salvar o perder. En cambio, tú, ¿quién eres para juzgar al prójimo?
>
> (Santiago 4, 12).

Porque con el juicio con que juzguéis seréis juzgados, y con la medida con que midáis se os medirá.

(Mateo 7,2).

Moisés Ríos Pérez
yahvehyire@hotmail.com

1. Si leemos el nombre y utilizamos los números romanos como se debe, en la palabra Vicarius la, iu= IV no es 1+4=5 sino más bien IV=4. En la palabra Filii la, il=IL no es 1+50=51 sino más bien IL=49. Por lo que si tomamos en cuenta esto la cifra no sería 666 sino 662.

2. Y más aún, Vicarius Filii Dei (662) ya no es el nombre, que hoy en día se le da al Papa, sino Vicarius Christie (214). No obstante, nuevamente le digo que, aunque continuara llamándose así la cifra sería (662).

3. Como ya he compartido anteriormente, el Apocalipsis no fue escrito en romano sino en griego, por lo que, los números romanos no eran conocido por el autor del libro del Apocalipsis sino más bien los números griegos y en todo caso los hebreos también. Y es importante entender que, aunque el libro del Apocalipsis fue escrito en griego, a las personas a quienes iba dirigido eran de cultura y tradición hebrea. El idioma hebreo a diferencia del latín le da un valor numérico a cada letra.

Moisés Ríos Pérez
yahvehyire@hotmail.com

4. También es importante saber que el hebreo se escribe al revés y que no tiene vocales. En otras palabras, así como los puertorriqueños en los Estados Unidos eran los únicos en entender la carta que yo les envié, así los hebreos eran los únicos, en aquel tiempo, en conocer de quién se estaba hablando.

En este caso del 666, ¿De quién se estará hablando? Del ¿Papa? ¡No! Se estaba hablando de Nerón César, escrito "NeRWN QeSaR". Es importante recordar que los emperadores pedían que se le conociera como dios y señor.

N= 50= נ

R= 200= ר

W= 6= ו

N= 50= נ

Q= 100= ק

S= 60= ס

R= 200= ר

Total= 666

Moisés Ríos Pérez
yahvehyire@hotmail.com

¿Quién es el 666? Nerón César, escrito en griego "NeRWN QeSaR", pero interpretado de acuerdo con la mentalidad y cultura hebrea.

5. Aparte de eso, si utilizamos la misma técnica que utilizaron los adventistas podríamos encontrar que el nombre de uno de sus fundadores, Hellen Gould White también daría 666.

En conclusión, mi maestro de historia de noveno grado me botó del salón. A ¿Cuántos de ustedes los han botado del salón de clase, por defender su fe católica?

Sin embargo, hoy en día ese maestro y yo somos grandes amigos. Y vale la pena decir que, después de eso él nunca volvió a utilizar esa cifra en su clase. ¡Valientes hasta la muerte!

LA BESTIA 666

Tiene tres 6, que significa, uno menos que siete, en otras palabras, significa imperfección. Tres veces seis, es decir la perfecta imperfección, la imperfección total.

Es bueno recordar que, el autor del Apocalipsis utiliza símbolos del libro de Daniel y Ezequiel y ¿Sabía usted, que el

666 aparece en el Antiguo Testamento? En I Reyes 10, 14: "En un solo año llevaban a Salomón seiscientos sesenta y seis talentos de oro,". La cifra 666 lo que significa realmente en la cultura hebrea es "Rey injusto". Salomón se había convertido en un rey injusto por haber impuesto contribuciones muy altas. Por lo tanto, en realidad lo que el autor de Apocalipsis, cuando se refiere al 666 posiblemente lo que está diciendo es que ese Emperador era un rey injusto.

"Vino entonces Jeroboam con todo Israel, y hablaron a Roboam diciendo: «Tu padre ha hecho pesado nuestro yugo; ahora tú aligera la dura servidumbre de tu padre y el pesado yugo que puso sobre nosotros y te serviremos".

(2 Crónicas 10, 3ª - 4).

El autor del Apocalipsis lo que busca por medio de este símbolo, del 666, no es profetizar quien sería la bestia 2,000.00 años después, sino más bien su intención era decirle a esa primera comunidad cristiana que, la opresión de los emperadores de la época "rey injusto y/o emperadores injustos", no durarían para siempre que; no reconocieran a esos emperadores como señor y dios, ya que solo hay un Señor y Dios, Rey de reyes y señor de señores y tiene nombre de hombre y se llama Jesús.

Por lo tanto, la intención del autor no es resaltar la figura de la bestia de forma literal, sino la figura de Cristo que les dará la victoria. Ese es el problema y la gran confusión que tienen nuestros hermanos protestantes ellos, buscan resaltar más la figura de la bestia y el diablo para convertir a las personas por medio del miedo y no por medio del gran amor de Dios.

A continuación, veamos a la Bestia y sus símbolos:

1. Siete cabezas, los siete emperadores:

   1) Augusto
   2) Tiberio
   3) Calígula
   4) Claudio
   5) Nerón (Se suicidó)
   6) Vespesiano
   7) Tito

Moisés Ríos Pérez
yahvehyire@hotmail.com

8) Domiciano (Domiciano no era considerado, ya que muchos lo consideraban el regreso de Nerón).

2. Diez cuernos, simbolizaban los reyes vasallos.

3. Resucita: esto se refiere a tres puntos:

   1) Es una parodia "burla" de la resurrección de Jesús.

   2) Posiblemente hace referencia al momento en que murió Nerón y al llegar Domiciano este era igual de malo que Nerón.

   3) La resurrección de Jesús.

4. Y se postraron ante el dragón, tiene varios significados.

   1) Se postran ante el dragón cuando le están rindiendo pleitesía al gobierno.

   2) Se postran ante el dragón cuando abandonaban la fe cristiana y denunciaban a sus hermanos en la fe con el gobierno. Posiblemente lo que le pasó a Pablo.

   3) Se postran ante el dragón, cuando reconocían a los emperadores como señor y dios.

Moisés Ríos Pérez
yahvehyire@hotmail.com

5. Dos cuernos como de cordero, aunque hablaba como serpiente. El mismo Jesús lo describe de la mejor manera: *"lobos rapaces vestidos de ovejas"* (Mt. 7, 15). Esto son aquellos que predican un evangelio falso, un falso profeta.

6. La marca: *"y el que nos marcó con su sello y nos dio en arras el Espíritu en nuestros corazones"*. (II Corintios. 1, 22) / *En él también vosotros, tras haber oído la Palabra de la verdad, el Evangelio de vuestra salvación, y creído también en él, fuisteis sellados con el Espíritu Santo de la Promesa, que es prenda de nuestra herencia, para redención del Pueblo de su posesión, para alabanza de su gloria.* ¿Qué era la marca? La marca era un papel que se le daba a todos aquellos que pasaban por el templo pagano y le quemaban incienso, en señal de adoración.

Luego de haber quemado incienso se le daba, especie de un certificado. Cuando el imperio romano te arrestaba, si tu enseñabas ese certificado quedabas sellado, en otras palabras, protegido y no te martirizaban.

Moisés Ríos Pérez
yahvehyire@hotmail.com

Hoy en día se habla de sellos o de marcas. Hubo un tiempo en que era un "bar-code" hoy en día se habla de un "chip".

¿Será eso profético? Ya vemos que no necesariamente. Y digo: "no necesariamente" porque si pasara, lo podríamos utilizar como una comparación, pero no como una profecía cumplida.

Les comparto un pensamiento sobre el Apocalipsis:

"Dios le reveló, por medio de visiones celestiales, el entendimiento de las cosas terrestres"

Moisés Ríos Pérez
yahvehyire@hotmail.com

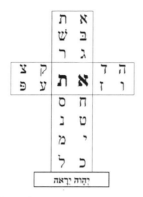

SERÁN 144,000.00,

(¿LOS SALVADOS?)

Por mi casa, de vez en cuando los sábados incluso ha habido días en semana, pasan unos hermanos con sombrilla en mano y un sombrerito tocando las puertas de mi hogar: "Buenos Días, ¡Buenos Días!" Insisten, insisten e insisten hasta que finalmente o se le abre la puerta o ellos a la vuelta vuelven y dan los buenos días, nuevamente.

Se presentan como mensajeros de "Jehová" haciendo lo que Jesús pidió: "Id por todo el mundo y predicar el evangelio".

No venimos a convertirlos, ni mucho menos a debatir, solo queremos compartir la "buena nueva". Esa es su introducción a la conversación.

Moisés Ríos Pérez
yahvehyire@hotmail.com

Empiezan preguntando el nombre: "Oh, te llamas Moisés, igual que el gran profeta de Dios. Qué sabes sobre el profeta Moisés". Luego sacan su Biblia: "Traducción del Nuevo Mundo" y no te la leen, te ponen a ti a leerlo: "Tenga amigo, lea aquí". Y poco a poco, en su mensaje, con tono humilde, comienzan a inyectar su doctrina. Si no has estudiado la Biblia te atrapan, "¿Te gustaría que regresáramos para darte clases de Biblia?

Dentro de tantas doctrinas erróneas que estos hermanos "Testigos de Jehová" tienen uno de ellos es la mala y errónea interpretación sobre el texto de Apocalipsis 14, 1-ss. En este texto bíblico encontramos una cifra, 144,000.00.

¿144,00.00 SERÁN LOS SALVADOS?:

Nuestros hermanos Testigos de Jehová, literalmente interpretan que sólo 144,000.00 serán los salvados. Sin embargo, cuando exploramos los siguientes datos a la fecha del 5 de noviembre del 2019, de acuerdo con la página de internet de los Testigos de Jehová (jw.org) existen 8,579,909.00 Testigos de Jehová en el mundo, hay 119,954,.00 congregaciones y ellos se encuentran en 240 países.

Moisés Ríos Pérez
yahvehyire@hotmail.com

Lo que me lleva a formularme la siguiente pregunta. Si ya la cantidad de Testigos de Jehová sobre pasa, ¡Pero por mucho! Los 144,000.00, Qué pasará con los otros, ¿serán condenados? Imagínese, después de tantos años intentando hacer las cosas bien, viviendo una vida de testimonio y trabajando para el Señor y que ya los 144,000.00 estén escogidos y nos quedemos fuera. Jesús, ¿habría aprobado eso? Jesús murió sólo para que se salvaran, ¿144,000.00?

Pero, como ya hemos visto anteriormente, el Apocalipsis es un libro lleno de símbolos por lo que, interpretarlo de forma literal es un gran error. Dentro de la academia no existe ningún biblista, teólogo en sagradas escrituras que considere la cifra de 144,000.00 de forma literal. No lo hay, todos saben que, es un número simbólico. ¿Por qué los Testigos de Jehová mal interpretan esta cifra? Porque no tienen teólogo serios.

Como compartimos anteriormente, antes de interpretar un libro o, en este caso, un versículo de la Biblia, debemos saber cuál pudo haber sido la intención del autor. Veamos cuál pudo haber sido la intención del autor.

1. 12=

Moisés Ríos Pérez
yahvehyire@hotmail.com

a. Elegidos.

b. Las doce tribus de Israel.

c. Los doce apóstoles.

2. 1,000=

a. Plenitud.

b. Un largo tiempo, indefinido.

c. Innumerable.

En otras palabras, el pueblo elegido que son los judíos, representado en las 12 tribus y el pueblo de Dios que somos usted y yo representado en los 12 apóstoles, son los salvados. Y al añadir la cifra 1,000 lo que hace referencia es a que son innumerables. En otras palabras, cuando el autor utiliza la cifra de 144,000.00 él está haciendo referencia a la "innumerable multitud" de creyentes que han vivido en la tierra, desde la época que va desde Abraham hasta el juicio final. Por eso la palabra de Dios continúa diciendo: "Después miré y había una muchedumbre inmensa, que nadie podía CONTAR." (Ap. 7, 9).

Y os digo que vendrán MUCHOS de oriente y occidente y se pondrán a la mesa con Abraham, Isaac y Jacob en el reino de los Cielos, mientras que

los hijos del Reino serán echados a las tinieblas de
fuera; allí será el llanto y el rechinar de dientes.

(Mateo 8, 11 – 12).

Y TODOS verán la salvación de Dios.

(Lucas 1,6).

Jesús no está de acuerdo con la interpretación literal de los
144,000.00 mil salvados, para Jesús, la salvación será para
MUCHOS. Juan Bautista tampoco está de acuerdo con la
interpretación literal de los 144,000.00 para él, de acuerdo
con las escrituras, serán TODOS.

Una de las lecturas más bellas y hermosas del Nuevo
Testamento:

Porque tanto amó Dios al mundo que dio a su Hijo
único, para que todo el que crea en él no perezca,
sino que tenga vida eterna.

(Juan 3, 16).

Jesús le dijo: «Hoy ha llegado la salvación a esta casa,
porque también éste es hijo de Abraham, pues el
Hijo del hombre ha venido a buscar y salvar lo que
estaba perdido.»

Moisés Ríos Pérez
yahvehyire@hotmail.com

(Lucas 19, 9 -10).

Jesús ha venido a buscar y salvar lo que estaba perdido.

Mientras Jesús vivió su nombre completo era "Jesús Emanuel Pecado", cuando resucitó su nombre cambió a "Jesús Cristo Salvación".

A quien no conoció pecado, le hizo pecado por nosotros, para que viniésemos a ser justicia de Dios en Él.

(2 Corintios 5, 21).

Y a vosotros que estabais muertos en vuestros delitos y pecados, en los cuales vivisteis en otro tiempo según el proceder de este mundo, según el Príncipe del imperio del aire, el Espíritu que actúa en los rebeldes... entre ellos vivíamos también todos nosotros en otro tiempo en medio de las concupiscencias de nuestra carne, siguiendo las apetencias de la carne y de los malos pensamientos, destinados por naturaleza, como los demás, a la Cólera...

Pero Dios, rico en misericordia, por el grande amor con que nos amó, estando muertos a causa de nuestros delitos, nos vivificó juntamente con Cristo - por gracia habéis sido salvados - y con él nos resucitó y nos hizo sentar en los cielos en Cristo Jesús, a fin de mostrar en los siglos venideros la sobreabundante riqueza de su gracia, por su bondad para con nosotros en Cristo Jesús.

(Efesios 2, 1-7).

En otras palabras, mis hermanos; Jesús no nos va a salvar, ¡Ya nos salvó! Pero nosotros debemos trabajar para no perder esa salvación, por medio del pecado. Jesús no vino a morir para que se salvaran sólo 144,000.00, él vino a salvar a todos los que crean en él.

Porque no hay bajo el cielo otro nombre (Jesús) dado a los hombres por el que nosotros debamos salvarnos.»

(Hechos 4, 12).

Moisés Ríos Pérez
yahvehyire@hotmail.com

Moisés Ríos Pérez
yahvehyire@hotmail.com

REFERENCIAS

Se utilizó y tomó en consideración las notas al calce e introducciones de las siguientes Biblias:

- Biblia de Jerusalén.
- Biblia de Jerusalén Latinoamericana.
- Biblia Nácar Colunga.
- Biblia Católica para Jóvenes.
- Biblia Latinoamericana.
- Biblia de las Américas.
- Biblia didáctica "La casa de la Biblia".

LIBRO'S:

- Álvarez Valdés, Ariel. ¿Qué sabemos de la Biblia? NT.
- Álvarez Valdés, Ariel. Enigmas de la Biblia 4.
- Canobbio, Giacomo. Pequeño Diccionario de teología "Verdad e Imagen". Ediciones Sígueme.
- Ehrman, Bart D. The New Testament "A Historical Introduction to the Early Christian Writings". Third Edition.
- Marengo, Andrés. El Apocalipsis. Editorial Claretiana.
- Ruano, Dr. Argimiro. Apocalipsis. Serie Bíblica -Instituto Diocesano Pastoral-4.
- Ruano, Dr. Argimiro. Católico abre tu Biblia. Serie Bíblica - Instituto Diocesano Pastoral-1.
- Struik, P. Félix. Apocalipsis; Comentarios para la calle.
- Hann, Scott. La cena del Cordero.

Moisés Ríos Pérez
yahvehyire@hotmail.com

- San Clemente Idiazabal, Jesús. Iniciación a la Biblia para seglares. 27ª edición: Desclée De Brouwer.
- Brown, Raymond. Nuevo Comentario Bíblico San Jerónimo.
- Harris, William V. Ancient Literacy.
- Prado, José Pepe. Id y evangelizar a los bautizados.

Documentos de la Iglesia:

- Concilio Vaticano II.
- Catecismo Nuevo de la Iglesia Católica.

Recursos de internet:

- Ruiza, M., Fernández, T. y Tamaro, E. (2004). Biografia de San Pablo de Tarso. En Biografías y Vidas. La enciclopedia biográfica en línea. Barcelona (España). Recuperado de https://www.biografiasyvidas.com/biografia/p/pablo.htm el 4 de abril de 2020.

Moisés Ríos Pérez
yahvehyire@hotmail.com

SOBRE EL AUTOR

Moisés Ríos Pérez, hijo de Moisés Ríos Núñez y Josefa Pérez González, tiene dos hermanas Ada y Samadys, nació en Ellenville, N.Y el 22 de septiembre del 1973. Allí, en aquel pequeño y humilde pueblo creció hasta los once años.

Allí estudió de Kínder a quinto grado, reprobó tercer grado, por lo que tuvo que tomar una clase especial "Third grade C". El primer semestre era repetir el último semestre de tercer grado y el segundo semestre era una introducción del primer semestre de cuarto grado. Cuando llegó a Puerto Rico, en el año 1985, llegó a la

Moisés Ríos Pérez
yahvehyire@hotmail.com

escuela Mirabales Nieves, luego llamado; "Laurentino Nieves". Allí llegó en el segundo semestre de quinto grado. Aunque sacó buenas notas, su maestro aconsejó a su madre, Chefa, a retenerlo en el grado ya que, aunque tenía buenas calificaciones aún tenía dificultad para leer y hablar español, por lo tanto, repitió quinto grado.

En octavo grado, cursado en la escuela Ernestina Méndez Echeandía, reprobó la clase de matemáticas, por lo que la tuvo que repetir en verano. Finalmente se graduó de la Escuela vocacional Manuel Méndez Liciaga, con dos cursos vocacionales en enfermería.

Se casó con la mujer más hermosa del universo, Wanda Lee Rodríguez López, y fruto de ese amor nació Ángel Moisés (angelino) Ríos Rodríguez y Moisés (santito) Ríos Rodríguez. Estando casado y ya con dos hijos, Moisés se quedó sin empleo.

Ahora sin empleo ni estudios intentó estudiar una carrera universitaria en el EDP Collage, en programación y computadoras, pero apenas pudo terminar dos años, ya que debido a compromisos de trabajo, hijo e iglesia no pudo continuar. Finalmente lo intentó una segunda vez, esta vez en Trabajo Social. Allí se graduó Maga Cum Laude, de la Universidad Metropolitana Recinto de Aguadilla "UMET".

Fundó el ministerio de música Abizaí en el 1993, ellos actualmente continúan sirviéndole al Señor. Fundó el Ministerio de Evangelización Yahveh Yiré, en el 1998, en el 2001 fundó el programa de Radio La Hora de Yahveh Yiré, y en el 2005 fundó una pequeña revista llamada "El Evangelizador".

Fue maestro de escuela de evangelización "KeKaKo" "Jesús Maestro" y participó en talleres con la escuela de Evangelización de Marilyn Kramer, Charis in Mission (Carismas en Misión) en California, participando en su taller para predicadores. Fue Subcoordinador y luego coordinador del círculo de oración de su comunidad de Cristo Rey, fue subcoordinador y coordinador de la Renovación Carismática Católica de su pueblo de San

Moisés Ríos Pérez
yahvehyire@hotmail.com

Sebastián Mártir, fue subcoordinador y coordinador de su Diócesis de Mayagüez.

Escribió la obra teatral: "Exclusivo, la gran Noticia Cristo es Rey del Universo". Ha escrito artículos para la revista de la Renovación Carismática Nacional de Puerto Rico "El Alabaré" y actualmente es el coordinador nacional de la Renovación Carismática Católica de Puerto Rico. También ha escrito otros libros: "Capellanía Clínica en Hospicio, Un Ministerio de Amor y Compasión, Manual de Referencia", "De Leche y Miel a Comida Sólida; Un Mensaje Diferente I, Seminarios de Vida, en los Dones Y Carismas" "En el Principio Creó Dios… La Dignidad Humana, Un Mensaje Diferente II", "Saliendo de Mi Oscuridad, Venciendo la Depresión", "Carisma de Lenguas" y este su séptimo libro, "Apocalipsis un mensaje de Amor y Esperanza".

De profesión es Trabajador Social en hogares de ancianos y fue Capellán Clínico de Hospicio. Para la gloria de Dios, predica, toca guitarra y le canta al Señor.

Moisés Ríos Pérez
yahvehyire@hotmail.com

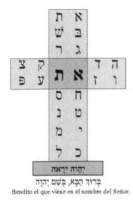

בָּרוּךְ הַבָּא, בְּשֵׁם יְהוָה
Bendito el que viene en el nombre del Señor.

El Apocalipsis es un llamado a mantener la resistencia, a no desvanecer en la fe y a no reconocer a otra persona como Dios.

El Apocalipsis nos invita a:

1. A no perder el ánimo: "Pero tengo contra ti que has perdido tu amor de antes. Ap. 2, 4 "

2. Es un acto de presencia: "Mira que estoy a la puerta y llamo; si alguno oye mi voz y me abre la puerta, entraré en su casa y cenaré con él y él conmigo. Ap. 3, 20."

3. Es una revelación: Porque presenta a Jesús como el Rey de Reyes y Señor de Señores. *Ap. 19, 16.*

4. Nos presenta a Jesús que consuela: *No llores más, que ha salido el vencedor el heredero del trono de David, a quien se le llama el León de Judá. Ap. 5, 5a.*

5. Nos presenta a un Jesús Poderoso: *El que tiene poder y autoridad, de lo que está pasando, aún en la persecución. Jesús tiene el control. "Eres digno de tomar el libro y abrir sus sellos; Ap. 5, 9ª.*

6. Nos presenta a Jesús que nos rescata: *porque fuiste degollado y compraste para Dios con tu sangre hombres de toda raza, lengua, pueblo y nación" Ap. 5, 9b.*

En otras palabras, el Apocalipsis tiene en su esencia un grito de esperanza. ¡Con Cristo todo y sin Cristo nada!

Moisés Ríos Pérez, TS, CH.

Moisés Ríos Pérez
yahvehyire@hotmail.com

Moisés Ríos Pérez
yahvehyire@hotmail.com

Made in the USA
San Bernardino, CA
02 July 2020